JN302831

図工指導の疑問
これですっきり

栗岡英之助編著

黎明書房

▲お話の絵「日本むかしむかし」　5年生

▼お話の絵「うみのがくたい」（紙版画）　1年生

▲見て描く絵「果　物」　4年生

▼生活の絵「からす貝ひろい」　6年生

▲見て描く絵「牛」　3年生

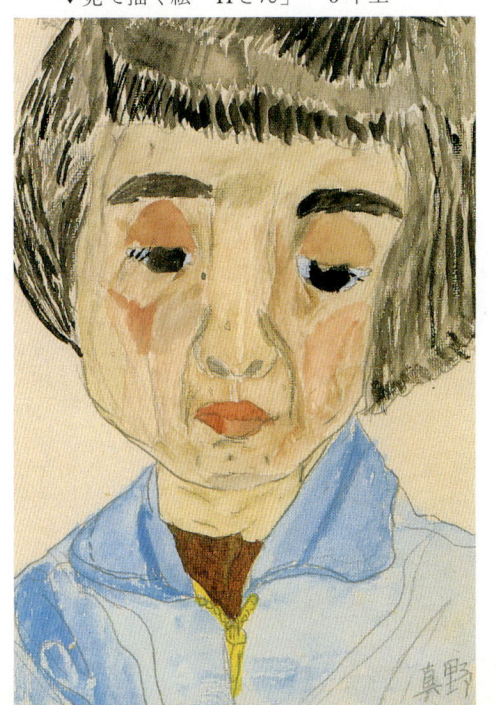

▼見て描く絵「Hさん」　5年生　　　▼生活の絵「おとうさんの仕事」　6年生

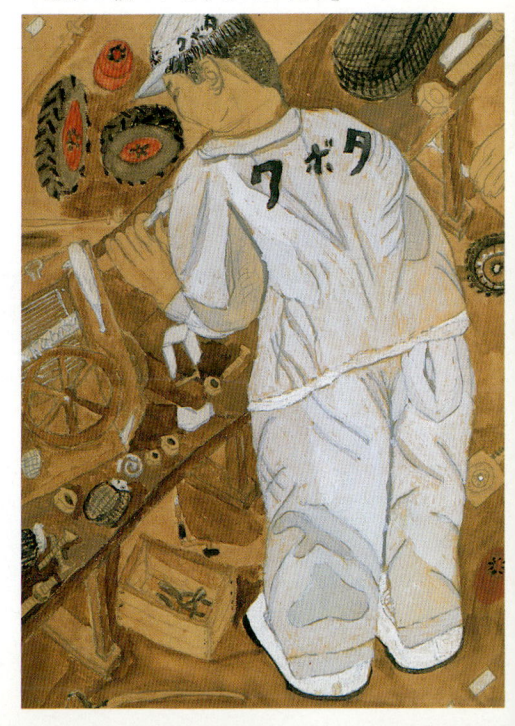

◀デザイン，装飾
　「染め紙」　1年生

▶デザイン，装飾
　「折り紙」　4年生

◀デザイン，装飾
　「編みもの」　6年生

新装版への序

　わたしたちは，これまで，長年にわたって，子どもたちの「人」や「自然」，「もの」との関係の中を生きる具体的な生活と，その造形表現のあり方について議論を重ね，考えてきました。

　ところが，いま，子どもたちの「生活」そのものが歪められ，崩壊していく状況の中で，子どもたち自身の意識や感性，想像力が退化して，その表現力の弱さが目立つようになりました。

　この子どもたちの歪みは，幼い時からの孤立した人間関係の中で，その存在感が希薄となり，人間への不信感が強くなって，他者との距離感覚のない関係のもち方や，まるで仮想空間を生きているかのような正常さを欠く姿となって現れてきています。いま，問題視されている，子どもたちのいじめや暴力，ひきこもりなどという歪んだ現実は，その現れといえます。

　ここに，現代の教育が抱えている深刻な問題があり，子どもの主体的な意識や感性，想像力を拠りどころとする表現の活動，図工科教育もその例外ではありません。

　とくに，昨今，現場では，絵の指導となると"どうすればよい絵を描かせることができるか"という「見た目の絵つくり」に流されがちです。マニュアル本の氾濫がそのよい例です。

　このような時に，改めて，本書の図工指導の内容である，子どもたちのいきいきとした生活の実感と，その中で培われた意識や感性，想像力を大切にした色や形の造形表現のあり方を見直してみることは，大きな意味と価値があると思います。

　文科省は図画工作科の新しい学習指導要領で，全学年に共通した第一目標として，次のように述べています。

　「表現及び鑑賞の活動を通して，感性を働かせながら，つくりだす喜びを味わうようにするとともに，造形的な創造活動の基礎的な能力を培い，豊かな情操を養う。」

この目標を見る限りでは，確かに，表現したり，鑑賞したりする活動が創造的な造形表現の基礎的な能力を培うという発想が見られます。しかし，学年ごとの目標や内容から見ると，子どもの内面的な意識や感性，想像力が造形表現のすべてであるかのようなとらえ方に変わりはなく，しかも，それを道徳教育と結びつけていこうというのです。こうしたとらえ方は，本来の創造的な造形表現の豊かな能力を獲得するための教育の基礎といえるものではありません。

　大切なのは，子どもたちのいきいきとした生活を取り戻し，その中で培われた意識や感性，想像力を豊かに引き出していくことです。そして，その内容を色や形の造形として，"どう形象化していくか"，という表現の手立てや方法を，具体的に子ども自身の目と手で発見させ，創造していくことです。

　本書は，図工指導の疑問に答えるという設問と回答の形式で，「見て描く絵」や「お話の絵」「くらしの絵」など，それぞれの分野の具体的な題材に沿って表現の視点や用具の扱い方を提示しています。

　また，その指導に当たって，子どもたちの生活実感に沿った意識や感性，想像力を具体的に導き出し，その内容に即して，形象化するための手立てや方法を子どもとともに創り出していく，その視点と指導過程を要約し，編集したもので，今日でも，指導に役立つ内容です。

　ぜひ，実際の指導にご活用いただきたいと思います。

　教育が混乱しているこのような時期に，その内容の有用性を汲み取り，本書の新装版の発行を企画していただいた黎明書房の武馬社長ならびに編集部の村上様に心から敬意を表するとともに，厚く御礼申し上げます。

　　　2008年10月

　　　　　　　　　　　　　　　　　　　　　　　深　田　岩　男

編著者のことば

〔図工指導のむずかしいわけ〕

　ある大学の学長が数年まえ新入生を歓迎することばとして，左脳を酷使してきた諸君は，今日からは右脳を存分にはたらかせるべきであると述べられたそうです。

　こうした知育偏重の教育を余儀なくされている昨今にあって学校現場でも，図工などの表現の授業を，たのしく確かなものにすることが重要であると意識されはじめたのは，図工が右脳のはたらきに深くかかわると言われはじめたからかも知れません。

　ところで，実際にはなかなか実行されないのはなぜか。

　それは，図工指導は一見容易なようで実は大変にむずかしいのが一つの理由と思われます。

　図工は他のどの教科にもまして今日も立場によって目的，方法，評価がいくつにもわかれています。また，図工は理数科と異なり複数の答えを当然とする本性（蓋然性）をもっているので，つかみにくいのかも知れません。

　そのあいまいとも言える性格から派生する小さな問題が限りなく多種多様にあることで，さらにむずかしくなっているとも言えましょうか。

〔もう一つのむずかしさ〕

　ところで，それらの難問題に対する回答として，正論を滔々と展

開した著作はありました。整理された指導計画も出版されています。具体的な現場の実践の収録というかたちの答えも出ていたはずです。とすると図工教育が振興しないのは，やはり知育偏重を余儀なくされている状況のせいということに逆もどりしてしまいそうです。しかし，それでは救いがありません。

　そこで今一度，むずかしさをのりこえる回答は果して既に出つくしていたのか，と問い直してみます。と，そこにあらたな問題がうかびあがってきます。

　それは，図工の授業のなかで先生がたがじかに出くわす無数の些細に思えるが実際的な困難と疑問です。従来は個々の先生がたの創意と工夫に一任され疑問，質問にもならなかった，まして議論や研究のテーマにはなり得なかった事柄です。

〔この本のねがい〕

　さて，そこで本著を編纂するに先立ってまず『図工指導の疑問これですっきり』という表題の疑問について再度検討をしました。そして，それが小手先で回答できるほどの軽薄なことがらではなく，図工の本性や，今日の教育状況に深く根ざしたものであるという認識から，１設問１回答の中にも技術上の問題のみならず図工の基本的本性と特性をも包含することに努めることにしました。

　また，具体的内容記述に先立っては三方向から検討をしました。

　１つは図工教科書とその指導書の見直し問い直しです。その結果はひとことで言えば，偏りなく各活動領域が整備設定されている。しかし，その結果が，ひらたく言えば盛り沢山になっていて，今日の学校現場では到底消化しきれないということ。

　２つめは，盛り沢山の内容と多忙の板ばさみになっている学級担任の現実像についてです。きれいごとぬきで言えばそこには，教師になって間もない先生，長い教職生活のなかで図工の授業だけは悩みのたねになってきた先生たちの悩みと「疑問」がそのまま放置さ

編著者のことば

れている実情。

　3つめとしては，子どもの側に立った検討で，子どもたちは，第一義的には，かならずしも巧くはない自己の表現を先生に理解してほしいとねがっているということです。さらに言えば，低学年で図工のきらいな子が稀なのは，上手下手にこだわらないからです。その意味で巧くあらわすための指導よりも表現を理解することが優先すると考えられました。しかし，中・高学年になると図工のきらいな子が急増する現象は，表現結果の巧拙が子ども自身に見えてくることによるということです。したがって，そこでは，表現のための技術の指導が不可欠です。

　まとめて言えば，求められている理解と指導の両立についての具体的な回答をつくり出さなければならないということです。

　なお，全体の構成としては，共通問題の設問と回答を前におき，続いて低・中・高学年に分けて，その中に領域としては，1）絵画（材料用具，見て描く絵，お話の絵，生活の絵），2）版画，3）彫塑，4）デザイン，5）工作に関する設問と回答を組みました。

　大まかにいえば，以上が本著の意図したことと内容の概要です。

　さて，意図したことが，ここで実現したと言い切る自信はもちろんありません。批正をくださいますよう，よろしくおねがいいたします。

　　　　　　　　　　　　　　　　　　　　　　栗　岡　英　之　助

もくじ

編著者のことば　*I*

> 共通問題

問1　のびのびした絵，いきいきと表現した絵などといいますが，どんな絵のことか，いまひとつわかりません。説明してください。…… 24

問2　学年がすすむにつれて描くのを嫌がる子どもが増えてくるようですが，なぜでしょうか。解決のカギは何でしょうか。
　　　　　　　　　　　　　　　　　　　　　　　　…… 25

問3　図工は軽視される傾向がありますが，このことをどう考えたらよいでしょうか。また，どうしたらよいでしょうか。
　　　　　　　　　　　　　　　　　　　　　　　　…… 26

問4　ふだんは，つい忙しさにかまけて教科書どおりの授業をしてしまいますが，その教科書は，どう考えどう見たらいいのでしょうか。…… 27

問5　毎年，教科書の教材を消化しきれないで困ります。取り扱いに何かいい工夫はないでしょうか。…… 28

問6　学期末になると，同僚の先生から絵の評価をたのまれるのですが，自信がありません。見方と考え方をきかせてください。

もくじ

...... 29

問7　学級づくりに図工を生かすことができるでしょうか。その際，とくに注意しなければならないのは，どんなことでしょうか。
...... 30

問8　静物画，風景画，人物画とか，想像画，空想画とか観察画などといいますが，その区別について説明してください。
...... 31

問9　たとえば，遠足の絵は生活画でしょうか経験画でしょうか。
...... 32

問10　なるべく大きい紙に豊富な材料で描かせたいのですが，机が狭くていつも困ります。名案はないでしょうか。 33

問11　水彩画の材料用具を購入するときの注意点は何でしょうか。とくに筆と絵の具について説明してください。 34

問12　指導要領では，水彩絵の具の本格的使用は3年生からとなっていますが，なぜでしょうか。 35

問13　三原色の混色で彩色する方法が流行していますが，その原理と方法と効果を説明してください。 36

問14　暗い色を使う子がいるのですが，環境的，あるいは性格的に何か問題があるのでしょうか。 37

問15　見て描かせても，見ないで描いてしまう子がいますが，なぜでしょうか。どうすれば見て描くようになるでしょうか。
...... 38

問16　即興でお話をして，後半を子どもたち各自に創作させた話を描かせたら，結果は予想外れでまずいものになりました。なぜでしょうか。 39

5

問17　イメージをふくらませる指導は大事だと思いますが，本当のところ，どんなことかよくわかりません。説明してください。
　　　　　　　　　　　　　　　　　　　　　……　40

問18　切り花を描かせたのですが，できあがりませんでした。来週になると枯れてしまいます。どうしたものでしょうか。
　　　　　　　　　　　　　　　　　　　　　……　41

問19　時間内に描ききれなかった絵は，家で描きあげるようにしていますが，結果はよくありません。扱い方を教えてください。
　　　　　　　　　　　　　　　　　　　　　……　42

問20　児童画コンクールや各種の展覧会に出品して，よい成績をあげるためにはどうすればよいのでしょうか。　……　43

低学年の問題

〈絵画〉

（材料・用具）

問1　絵の具ではじめて絵を描きます。筆やパレットの使い方の要点を教えてください。　……　46

問2　机が狭いので，絵の具の道具と画用紙がうまくおけません。道具の上手なおき方を紹介してください。　……　47

問3　クレヨンやパスを使って描くのに適している題材はありませんか。　……　48

問4　油性のパス類と絵の具を併用するとき，どんな注意をしたらよいでしょうか。　……　49

（入門期）

もくじ

問5　低学年の造形的遊びについて，具体例をあげて教えてください。 …… 50

問6　はじめて絵の具で彩色をさせるとき，どんなことに気をつけて指導したらよいでしょうか。 …… 54

（見て描く絵）

問7　低学年に適した見て描く絵の題材と，その選び方を教えてください。 …… 55

問8　1，2年生では，理科教材の中から見て描く絵の題材を選ぶとよいとのことですが，具体例で説明してください。
　　　　　　　　　　　　　　　　　　　　　　　　…… 56

問9　春の花，チューリップを見て描かせると，「よく見なさい」といっているのにほとんど見ないで，もようのように描きます。どうしたら，見て描くようになるのでしょうか。 …… 57

問10　ウサギやニワトリを描かせたいのですが，動いてしまってうまく形がとれません。生き物を描くときの指導のポイントを教えてください。 …… 58

問11　お皿に盛った5つのりんごを描かせたら，皿の上にりんごを5つ広げて並べて描いた子がいます。どう指導したらよいでしょう。 …… 59

問12　4つ切の画用紙に，ザリガニを見ながら描かせたところ，伊勢エビのように大きく描いた子と実物大にていねいに描いた子がいます。どちらの絵がよいのでしょう。 …… 60

問13　虫を写生しました。虫は上手に描けたのにバックの色をぬって失敗した子がいます。こんな場合のバックの処理を教えてください。 …… 61

問14　「かけっこ」をしている人を横から見て描かせたのに，顔や

7

体が正面向きの人を描きました。どうしたらよいでしょうか。
　　　　　　　　　　　　　　　　　　　　　　　　　…… 62

　問15　動きのある人を描かせたいのですが，低学年では無理なのでしょうか。指導方法があったら，具体的に教えてください。
　　　　　　　　　　　　　　　　　　　　　　　　　…… 63

（お話の絵）

　問16　低学年でとりあげるお話の絵の題材選びの視点と，指導の方法を具体的に説明してください。　…… 64

　問17　子どもたちは，お話の絵だからはじめから終わりまで描きたいといいます。紙芝居のようにしてもいいのでしょうか。
　　　　　　　　　　　　　　　　　　　　　　　　　…… 65

　問18　お話の絵を描くとき，お話の中に見たことのない動物や，はっきり知らないことがらがでてきたら，図鑑・写真・絵本などを見せてやってもよいでしょうか。　…… 66

　問19　『おおきなかぶ』を描かせました。教科書や絵本をまねて描く子がいますが，さし絵はどう扱えばよいでしょうか。
　　　　　　　　　　　　　　　　　　　　　　　　　…… 67

　問20　友だちの描いた絵を鑑賞するときの具体的方法がわかりません。鑑賞するときの具体的な方法を教えてください。
　　　　　　　　　　　　　　　　　　　　　　　　　…… 68

　問21　絵本を見せることは，子どもの絵の指導にプラスになるのでしょうか。具体例をあげて，絵本の鑑賞の方法を説明してください。　…… 69

（生活の絵）

　問22　入学初期の子どもに学校であったことを絵に描かせてみようと思います。具体的な方法を教えてください。　…… 70

　　　　　　　　　　　　　　　　　　　　　　　　　も　く　じ

問23　くらしの絵を描くとき，低学年での指導方法を紹介してください。……　71

問24　絵日記を描かせると，一人ひとりが違う内容を描くので一斉に指導することが難しいのですが，どうしたらよいでしょうか。
　　　　　　　　　　　　　　　　　　　　　　　　　　……　72

問25　生活の絵（くらしの絵）の題材にはどんなものがありますか。また，どう指導したらよいか説明してください。……　73

問26　くらしの絵を描くとき，社会科や理科と合科的に取り組むとよいといわれましたが，具体例を示して指導のポイントを教えてください。……　74

〈版画〉

問27　1年生に紙版画をさせると，版をつくる要領がなかなかのみこめない子がいて困ります。紙版画の前にどんな指導をすればスムーズにいくでしょうか。……　76

問28　型押しやこすりだし遊びから紙版画にはいっていくまでの手だてをもう少しくわしく教えてください。……　77

問29　1年生で最初にさせる紙版画は，どんなものをどのようにつくらせたらよいでしょうか。……　78

問30　低学年で，くらしを題材に紙版画をさせたら，人物などを並べただけの版になってしまいました。どう指導したらよいでしょうか。……　79

問31　紙版画でいろいろ違った材質の紙を使わせたら，わけのわからない版になってしまいました。どんな指導が必要なのでしょうか。……　80

〈彫塑〉

問32　粘土工作にはいる前に，砂や土で遊ばせることが大切だということですが，それはなぜですか。…… 81

問33　はじめて粘土工作をさせるのですが，何からつくらせたらよいか迷っています。どのような題材が適当でしょうか。
…… 82

問34　粘土でいろいろな動物をつくらせたところ，粘土板の上に平らにつくってしまう子がいます。どう指導すればよいのでしょうか。…… 83

問35　絵ではよく見て描かせますが，粘土では見てつくらせたことがありません。見てつくらせるのには，どんな題材がよいでしょうか。…… 84

問36　リンゴなど，果物を見せてつくらせましたが，楽しんでつくった割に良い作品になりませんでした。どのように指導すればよいのでしょうか。…… 85

問37　粘土でつくった作品は，壊れやすいので保管に困ります。何か良い方法がないでしょうか。…… 86

〈デザイン〉

問38　地面に絵を描いたり，石や貝がらを並べて遊んだことを，もようづくりにどう発展させたらよいでしょうか。…… 87

問39　線と点を使って描くもようは，簡単になってしまいます。おもしろく発展させられないものでしょうか。…… 88

問40　興味を示さない子もひきつけるような，もようづくりのきっかけになる手だてはないでしょうか。…… 89

問41　抽象もようの多い昨今ですが，自然を生かしたもようづくりはできないでしょうか。…… 90

もくじ

問42 両面カラー紙や色紙を使って簡単にできる組み紙について教えてください。 …… 91

問43 ポスター（例，学習発表会）をつくらせましたが，人まねをする子が多くて困りました。それぞれが工夫するよい手だてをおきかせください。 …… 92

〈工作〉

問44 画用紙や色紙を使って紙工作をさせると，はさみをうまく使えない子がいます。どう指導すればよいでしょうか。
…… 93

問45 はさみの扱いについて，持ち方や使い方などの具体的な指導方法を教えてください。 …… 94

問46 紙工作で，動くおもちゃをつくらせましたが，紙の折り目が不正確になったり，着彩やのりづけがうまくいかず困りました。紙工作の指導や作業のポイントをお示しください。 …… 95

問47 低学年では工作の材料が紙にかたよりがちです。もっといろんな素材を経験させたいのですが，どんなものがよいでしょうか。 …… 96

問48 共同で大きなこいのぼりをつくりましたが，風がふくと破れたり裂けたりして困りました。どうすれば丈夫にできるでしょうか。 …… 97

中学年の問題

〈絵画〉

（見て描く絵）

問1 友だちの顔を描かせると概念的な絵になってしまうのですが，

どのように指導すればよいか教えてください。…… 100

問2　横向きの顔についてはどうでしょうか。…… 101

問3　人物を描くと，ロボットや人形のようになり困っています。何かよい手だてはないでしょうか。…… 102

問4　人間の表情をあらわすとなると，難しいように思うのですが，どうすればよいのでしょうか。…… 103

問5　中学年の子どもたちに適した基礎的指導の題材には，どんなものがありますか。…… 104

問6　ヒマワリを描かせたいと思います。どんなことに注意して指導すればよいでしょうか。…… 105

問7　ブリキのバケツを描かせたところ，底を平たく描く子がたくさんいました。そのわけと指導の方法をきかせてください。…… 106

問8　季節の野菜を描かせたいのですが，どんなものを，どのようにとりあげればよいのでしょうか。…… 107

問9　太筆に絵の具をふくませてベタベタにぬったり，逆に少量の絵の具でこするようにぬる子がいます。どうしたらよいでしょうか。…… 108

問10　色の濃い薄いを学習するのに，よい題材はないでしょうか。…… 109

問11　絵の中にでてくる空をいつも青くしかぬらない子が多いのですが，空のあらわし方で適当な指導方法はないでしょうか。…… 110

問12　木や花を題材にしたとき，絵のバックはどのように処理すれ

　　　　　　　　　　　　　　　　　　も　く　じ

　　　　ばよいでしょうか。……　111

問13　中学年で遠近の学習は教える必要があるのでしょうか。また
　　　教えるとすれば，どんな指導の方法がありますか。……　112

問14　教室の外に出て絵を描くとき，全体に目がとどかないために
　　　遊ぶ子がでてきて困ります。どうすればよいのでしょうか。
　　　　　　　　　　　　　　　　　　　　　　　……　113

（お話の絵）

問15　物語を絵にするとき，「どう描いていいかわからない」という
　　　子がいます。どう指導すればよいのでしょうか。……　114

問16　教科書によく「主人公の気持ちになって」と書いてあるので
　　　すが，実際にどのようにすればよいのでしょうか。……　115

問17　物語絵を指導するのははじめてです。中学年でとりあげたら
　　　よい物語にはどんなものがありますか。……　116

問18　教科書に「場面のようすがよくわかるように工夫して描こう」
　　　とありますが，具体的にはどのようにするのでしょうか。
　　　　　　　　　　　　　　　　　　　　　　　……　117

問19　『ごんぎつね』の絵を描かせたいのですが，井戸，彼岸花，
　　　火縄銃など，子どものまわりには見られないものばかりです。
　　　どうやって教えてやればよいでしょうか。……　118

問20　「この物語はさびしい感じの話だ」といいながら，思った絵
　　　と違った印象の仕上がりになったりします。何が原因なので
　　　しょうか。……　119

問21　画面に描かれた下絵はよいのですが，着彩で失敗する子が多
　　　くいます。なぜでしょうか。また，どこからぬりはじめるとよ
　　　いのでしょうか。……　120

問22　物語の絵を描かせるときに，おとなの絵を見せてはいけないといわれましたが，どうなのでしょうか。 …… 121

問23　教科書に，ブリューゲルの『農民の結婚式』(部分)が，人の動きの参考例としてのっています。この絵による鑑賞指導を具体的に教えてください。 …… 122

(生活の絵)

問24　父や母，友だちなど身近な人は，どの学年でもよくとりあげます。とりあげる視点を示してください。 …… 123

問25　地域の祭は子どもたちの楽しみです。それを絵にしたいのですが，どのように指導すればよいでしょうか。 …… 124

問26　運動会を思い出して絵を描かせたら，まるで低学年の絵のようになってしまいます。どうすれば中学年らしくなるでしょう。 …… 125

問27　教科書の生活題に「このごろのこと」とあるのでとりあげると，題を決められない子がいます。題材指導の方法を教えてください。 …… 126

問28　子どもたちの遊ぶようすや体育の時間から題材を選びたいのですが，どんなことがとりあげられるでしょうか。 …… 127

問29　学校生活のなかから題材を選ぶとすると，どんな題材があるでしょうか。 …… 128

問30　みんなで遊んでいるところを絵に描かせたいのですが，どんなことをとりあげたらよいでしょうか。 …… 129

問31　協同制作に取り組みたいと思います。中学年の子どもに適した題材や指導法をきかせてください。 …… 130

〈版画〉

もくじ

問32　紙だけでなく，いろいろなものを使って版をつくらせたいと思います。どんな素材を集めさせたらよいでしょうか。
…… 131

問33　紙版画で布や毛糸を使って版をつくらせたのですが，その素材の特徴を生かすことができませんでした。どのように指導したらよいでしょうか。…… 132

問34　子どもたちに版画をさせると，あちこちにインキをつけて困ります。どのようにしたらよいでしょうか。…… 133

問35　紙版画を刷らせると，インキがまだらについたり，薄かったりします。どこがいけないのでしょうか。…… 134

問36　木版画を彫らせたら，彫刻刀でけがをする子がたくさんいました。どんなことに注意したらよいでしょうか。…… 135

問37　木版画を彫らせると，三角刀や丸刀だけで彫っていく子がたくさんいます。どのように指導したらよいでしょうか。
…… 136

〈彫塑〉

問38　粘土で好きなものをつくらせたのですが，あまり良い作品ができませんでした。どのように助言すればよいのでしょうか。
…… 137

問39　粘土で人物をつくらせたのですが，動きがなくて人形のような表現が多いのです。どのような助言をすればよいでしょうか。
…… 138

問40　「遊んでいる友だち」をつくらせたところ，倒れたり，ひしゃげたりして，うまく立たないので困りました。良い方法はありませんか。…… 139

15

問41 自分の手について考えさせてみたいので，しっかりと見つめてつくらせようと思うのですが，教科書にはのっていません。どのように指導すればよいのでしょうか。 …… 140

問42 粘土で協同制作をさせようと思います。3〜4年の子どもに適したテーマと指導法を教えてください。 …… 141

問43 残った粘土や壊れた作品など，固まってしまった粘土の処置に困っています。どうしたらよいでしょうか。 …… 142

〈デザイン〉

問44 「着てみたいようふく」をつくりました。つくった後で捨てないで活用する方法はないでしょうか。 …… 143

問45 連続もようをつくると，つなぎのところが切れたり細くてはずれそうになったりします。あらかじめ，どんなアドバイスをしておけばよかったのでしょうか。 …… 144

問46 カットを描かせましたが，図柄が同じになったり描けない子がいたりします。いい解決法はないでしょうか。 …… 145

問47 簡単ないも版をつくり型押しをしましたが，いくつも押すうちに形がくずれてしまいました。終わりまできれいに押す方法と，並べ方のこつを教えてください。 …… 146

問48 型を切り抜くステンシルの方法で年賀状をつくりましたが，にじんだりかすれたりしました。きれいに刷りこむこつは何でしょうか。 …… 147

〈工作〉

問49 3，4年では箱をつくらせることが多いのですが，展開図の説明が苦手です。どのように説明するとよくわかるのですか。 …… 148

もくじ

問50 底が正三角形や正六角形の箱をつくらせようと思います。展開図の描き方はどのように指導するとよいでしょうか。 …… 149

問51 動きを楽しむとびだすカードを工夫させたいのですが，切り込み方や，折り方をいろいろ教えてください。つくらせ方のポイントもおねがいします。 …… 150

高学年の問題

〈絵画〉

（見て描く絵）

問1 見て描く基礎的な力をつけてやりたいのですが，どんな題材が適当でしょうか。 …… 152

問2 鉛筆で下描きした立木に色をつけると，べたぬりになってしまいます。どうすれば立木らしさがでるのでしょうか。 …… 153

問3 服のやわらかな感じをだしたいと思って描かせてみたのですが，うまくいかずに困っています。どうすればよいのでしょう。 …… 154

問4 学校の中で絵になるような場所があるでしょうか。どんな場所を描けばよいのか教えてください。 …… 155

問5 身のまわりにあるものをとりあげようと思い，靴を描かせてみたのですが，形がうまく描けない子が多くいて困っています。どう描かせればよかったのでしょうか。 …… 156

問6 学校からの帰り道，夕暮れの美しさに心がひかれました。この感動を子どもにも描くことで味わわせたいと思います。どう

指導すればいいでしょう。 …… 157

問7　友だちの顔を描かせると，マネキンのような顔になってしまいます。自然な表情をだすにはどうすればいいのでしょうか。
　　　　　　　　　　　　　　　　　　　　　　　…… 158

問8　道のある風景を描かせると，平らな道なのに坂道のようになってしまいます。何か良い方法を教えてください。 …… 159

問9　玉ねぎ，じゃがいも，ピーマンなどの野菜を描いてみたのですが，その野菜らしさがでてきません。どうしてなのでしょう。
　　　　　　　　　　　　　　　　　　　　　　　…… 160

問10　友だちを描いて彩色しました。うまく描けたのですが，バックをぬったら絵の感じがすっかり変わりました。どうしたらよかったのでしょうか。 …… 161

問11　教室の窓から見える景色を，遠い近いの感じがでるように描きたいのですが，失敗しないで描ける方法を教えてください。
　　　　　　　　　　　　　　　　　　　　　　　…… 162

問12　ガラスコップの形は描けるのですが，無色透明なのでそれ以上どう描いてよいのかわからなくてとまどいます。どう描けばよいのか教えてください。 …… 163

問13　ボール投げをする友だちを描きましたが，動きの感じがでている絵になりません。どうすればよいのでしょうか。
　　　　　　　　　　　　　　　　　　　　　　　…… 164

〈お話の絵〉

問14　高学年でぜひとりあげたいお話の絵の題材と，そのねらい，指導のポイントを教えてください。 …… 165

問15　色の使い方，色の技法について教えてください。 …… 166

もくじ

問16　お話の絵を描くと，2時間ぐらいでパッパッと描いてしまう子が多くて困ります。長い時間でも飽きずに描かせるこつを教えてください。…… 167

問17　昔話の絵を描かせると，主人公の姿や形が現代的になってしまいます。このまま描かせていいものでしょうか。…… 168

問18　高学年でのお話の絵の構成の指導は，どうすればいいのでしょうか。…… 169

問19　お話の絵で主題にそった雰囲気をだすためには，どんな彩色の方法があるのでしょうか。…… 170

問20　お話の絵を描かせると，主題とはまったくかけ離れた場面を描く子がいるのですが，そのまま描かせてもよいのでしょうか。…… 171

問21　教科書にゴッホの作品が鑑賞教材としてのっていますが，どのように鑑賞させればいいのでしょう。…… 172

問22　物語の絵の協同制作をしたいのですが，はじめてでどうしてよいのかわかりません。初歩的なことから教えてください。…… 173

（生活の絵）

問23　私の学校では8月6日に登校し，平和を考える日としています。子どもたちに絵を描かせることで，戦争や平和について考えさせることができるでしょうか。…… 174

問24　友だちとのつながりの大切さを絵で表現したいと思っているのですが，どんなことに注意すればいいのでしょう。…… 175

問25　町の生活を描かせたいと思います。何をとりあげて，どのように描けばよいのでしょう。…… 176

問26　家の仕事を描かせたいのですが，昔と違って会社勤めの人が多くなり，家で親の働いている姿は見えません。今はもう，この課題は無理でしょうか。……　177

問27　教科書に「ある日のこと」という題材があります。描かせてみたいのですが，具体的には何を描かせればいいのかわかりません。……　179

問28　冬のくらしをテーマにして描かせたいのですが，何を描かせたらよいでしょうか。また，どう描かせたらよいでしょうか。
……　180

問29　卒業をひかえて，自画像を描かせようと思っています。どのように計画して指導すればいいのでしょうか。……　181

問30　こまかい指示をしていかないと，子どもが遊んでしまいます。子どもたち自身のこととして，絵を描いていくようにならないものでしょうか。……　182

〈版画〉

問31　版画は白黒のコントラストの面白さにあるといわれていますが，具体的にはどんな彫り方をさせたらよいのでしょうか。
……　183

問32　生活を題材に木版画を彫らせようと思います。どんなことを，どのように彫らせたらよいでしょう。……　184

問33　版木に紙をのせて刷りとらせたら，きれいに刷り上がりません。どんなことに注意して刷らせたらよいのでしょうか。
……　185

問34　版画を協同制作でさせたいと思います。どのような手順や方法ですすめたらよいでしょうか。……　186

もくじ

問35　ドライポイントの下絵を描かせたら，輪郭を1本の線で描いただけの下絵になりました。どのように指導したらよいでしょうか。……187

問36　ドライポイントをさせたいと思います。どんな原版で，どのように刷りとればよいのか教えてください。……188

問37　ドライポイントの原版をプレス機にかけて刷りとらせたのですが，すっきりと刷り上がりません。どのようにしたらよいのでしょうか。……189

〈彫塑〉

問38　粘土で，カボチャなど野菜をつくらせようと思います。指導の手だてを具体的に教えてください。……190

問39　粘土で彫塑や工作をさせるとき，粘土が軟らかすぎたり，途中で硬くなってきたりして困ることがあります。どのようにすればよいでしょうか。……191

問40　友だちの表情をとらえた頭像をつくらせたところ，仰向きで後頭部のない作品がかなりありました。なぜこのようになったのか，よくわからないので困っています。……192

問41　木の板に，友だちの顔の浮き彫りをさせています。目，鼻，口もとなどが説明的な線彫りで立体感がだせない子には，どのように助言するとよいのでしょうか。……193

問42　発泡セメントの角柱で，生き物（ウサギ）を彫らせたのですが，質感が出しにくいのでうまくいきませんでした。どんな素材を使えばよかったのでしょうか。……194

問43　彫塑作品の見方と評価のしかたに自信がありません。どのように考えて評価すればよいのでしょうか。……195

〈デザイン〉

問44　しきものを織るための木枠をつくらせましたが，説明図に縦糸をかけるくぎの間隔が書かれていません。それに一定の幅に織れずにだんだん細くなってしまいます。どうしたらうまくいくでしょうか。……196

問45　和紙の折り染めをしたいのですが，ありふれた四角折りしか知りません。もっと変わった折り方や染め方を教えてください。……197

問46　文集をつくったのですが，とじの方法が難しくてわかりません。簡単で保存のきく，丈夫なとじの方法を教えてください。……199

問47　ポスターを描く場合，テーマにぴったりの図柄を決めることが難しいのですが，どんなヒントや手だてがあるでょうか。……200

〈工作〉

問48　木工で箱をつくらせたところ，板がまっすぐに切れないのと，くぎがうまく打てないのとで組み立てに困りました。良い工夫がないものでしょうか。……201

問49　はと笛をつくらせているのですが，教科書の説明のとおりにつくってもなかなか音が出ません。なぜでしょうか。また，どうすればよいのでしょうか。……202

問50　土鈴やはと笛をつくらせて，子どもたちといっしょに野焼きをしてみようと思います。やさしい方法を教えてください。……203

共通問題

> **問1** のびのびした絵，いきいきと表現した絵などといいますが，どんな絵のことか，いまひとつわかりません。説明してください。

かたちとこころ　　大きい紙に勢いよく描けば，のびのびした絵かといえば，必ずしもそうとは限りません。ときに荒っぽい粗雑な絵にすぎないものがあります。

上手に描けばいきいきした表現かといえば，これも必ずしもそうとばかりはいえません。小さい紙きれに鉛筆だけで描いた絵にものびやかでいきいきした絵があります。

すなおな眼でとらえる　　(a)などはその例です。A君は子ぶたが9匹生まれたというので，いなかのおじいさんの家にいきました。もちろん，ぶた小屋は臭いにおいでいっぱいです。しかし，A君は臭いにおいが気にならないくらい子ぶたのかわいさにひかれて，おじいさんと一緒にぶた小屋のそうじまでしました。この絵は，そうした体験のなかから生まれたものです。母ぶたの乳房にむらがる9匹の子ぶたが見事に描かれています。この絵には生活があります。生命の誕生を，おどろきのまなざしで見つめるやさしい心があらわれています。

B君(b)も同じです。学校から帰ってみると弟が昼寝をしていました。無心に眠りこんでいる弟の顔に，ひとすじのよだれのあとがありました。この絵は弟の肖像であるとともに，弟おもいのB君の心の肖像でもあります。いきいきした表現，のびやかな絵とは，「乳をのむ子ぶた」や「よしゆきのひるね」のような生活の実感をすなおに誠実にあらわした絵のことです。

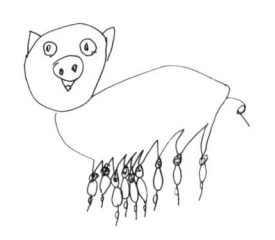

(a)　乳をのむ子ぶた　　　　(b)　よしゆきのひるね

共　通　問　題

> 問2　学年がすすむにつれて描くのを嫌がる子どもが増えてくるようですが，なぜでしょうか。解決のカギは何でしょうか。

嫌がるわけ

幼児期や低学年の当初には描くのを嫌がる子はめったにいませんが，2年生ごろになるとぼつぼつでてきます。3年生ごろになるとその割合は30〜40パーセント，5〜6年生では70〜80パーセントにも達します。「うまくかけない」からというのが嫌がる主な理由です。また，からだが急成長し全身を活発に動かすのを好むようになると，絵を描くというような精神的活動をともなう細密な作業が苦痛に感じられてくるのも理由の一つにあげられます。

子どもはリアリスト

子どもたちは，見たものを見たとおりに描きたいと思っています（写実的傾向の芽生え，9〜11歳—V.ローウェンフェルド『美術による人間形成』黎明書房）。特に昨今，その時期が早まって，たとえば，1匹の鯵を描いた1年生(a)，(b)の絵には写実的傾向が強くあらわれています。そして，(c)，(d)の子も，実はうまく描きたいと思っているのです。ただイメージと目と手がずれてしまうので，どうすればいいか方法がわからず困っているだけです。

解決のカギ

したがって，カギの一つは，絵を成り立たせている7つの要素（形，色，陰影，質感，構図，雰囲気，動感）を年齢段階に即して少しずつ身につけさせることです（ちなみに本書は基礎的要素の指導を重視しています）。いま一つは，いうまでもなく絵ごころをはぐくむ日常が必要です。学級内に複製画画廊を常設し，画家の絵や子どもの絵を飾る工夫などがあります。

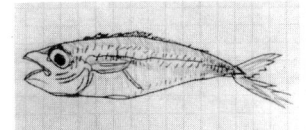

(a)　写実的な絵 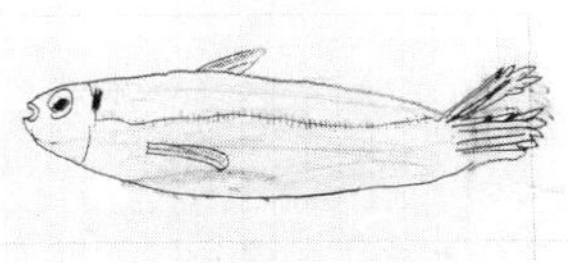　　(c)　前図式的な絵

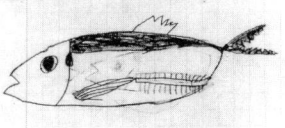

(b)　図式的な絵 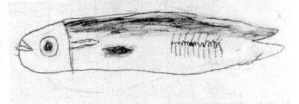　　(d)　前図式的な絵

> **問3** 図工は軽視される傾向がありますが、このことをどう考えたらよいでしょうか。また、どうしたらよいでしょうか。

原因の内と外 　図工、美術が受験科目にないのは大きな原因ですが、何のための図工かがはっきりしていないことも問題です。

たとえば、文部省は「……造形的な①創造活動の基礎を培うとともに、表現の②喜びを味わわせ、豊かな③情操を養う」としていますが、これでは説得力に欠けます。

何のための図画工作 　図工に限らず表現は、①人間の生存の証です。描くことを例にとっていえば、絵の出来、不出来以前に②ぬたくりはまず、ストレスを解消します。また③手先を器用にすることは、脳の働きをたかめるともいわれ、特に現代っ子に欠かせません。

また、生活の経験を描く生活の絵や、イメージにもとづいて描くお話の絵では、④想像力（イメージ）が豊かになるとともに感性がみがかれます。

見て描く絵ではいうまでもなく⑤観察力がするどくなり、形や色彩に対する感覚もみがかれます。

さらに近年、描画が⑥子どもにとっては、情操や美意識の教育のみならず、知的発達にも深くかかわる活動であることが明らかになってきました。子どもたちの描く生活の絵やお話の絵は、たとえば算数の文章問題を解くときにあらかじめ、「絵図をかいて」考えてみるのに似ています。

右の図の「お手伝い」（7歳）には子守りをしたり遊んだり、家から店への道を買いものにいく子どもが描かれていますが、これは文章問題を解くときの「絵図で考える方法」と似て、時間、空間の関係がふくまれています。

買物、子守り、遊び

共 通 問 題

> 問４　ふだんは，つい忙しさにかまけて教科書どおりの授業をしてしまいますが，その教科書は，どう考えどう見たらいいのでしょうか。

しなやかな発想
　図工指導には教科書はいらないと考えている先生は少なくありません。また，事実すぐれた作品をうみだしている教室の指導者の多くは教科書にこだわっていません。それは，子どもたちの創造性をはぐくみ，感性をみがき，情操を養うこの教科では，何よりまず，教師自身そうした自由な精神としなやかな発想が求められるからです。

実用への偏り
　また，こだわらない理由のいま一つには，教科書の内容にいくつかの疑問があるからです。たとえば，中学年の教科書を見ると，「絵であらわす」が８，「立体であらわす」が３，「使うものをつくる」が９，「作品を見る」が２題目で，「使うものをつくる」がずいぶん多いのです。しかし，こうした飾るものや日常生活に使うものをつくることは楽しくはあっても子どもたちの確かな表現力を培いません。

　また，「絵であらわす」の８題目についていえば，水彩絵の具の使い方の説明と，人物の動きのあらわし方と，素材についてがそれぞれ１題ずつあるだけで，これも基礎的な力を育てるのには不充分です。加えてさらに困るのは，何を表現するかというテーマが，大きくわけて魔法使いの話など想像して描くものと，街角で見かけたことや学校生活などを描くものに限られていて，生活という意味をせばめて扱っているのも問題です。

テーマをひろげる
　なるほど現代っ子たちですから魔法使いの話は歓迎されましょう。街角で見かけた獅子舞は描いてみたいめずらしい題材に違いありません。しかし，この類の題材で子どもたちのなかに人間的な，芸術的な感性が育つだろうかと考えると，否といわざるをえないでしょう。

　このあたりに，教科書にこだわらずに授業をしている先生のいるわけがありそうです。

> **問5** 毎年，教科書の教材を消化しきれないで困ります。取り扱いに何かいい工夫はないでしょうか。

量から質へ　図工の教科書は改訂を重ねるなかでしだいに量がふくれあがりました。また，当然のことながら教科書は机上のプランであって，現場の実際時間にあいません。それをぜんぶこなそうと考えるところにそもそも無理があるわけです。

したがって，いま実時間数にあわせて思いきった整理がいるのは当然です。たとえば，生活の絵といわれるものの題材として，「自転車のり」「したこと見たこと」「学校でしたこと」「見つけたところ」とある（某社，教科書）ならば，それを一つにしぼります。あるいは，生活の絵ということならば，自転車のりや学校でしたことに限らないわけですから，広く家庭や地域社会から社会科学習との関連で題材を設定することもできます。そうすれば時間が確保されるだけでなく内容も充実したものになります。

ひとまとめにする　また，粘土を使って人物像をつくる課業や，人物のクロッキー練習などは，生活の絵を完成する過程に組み込んでいけば，題材の項目がへらせるだけでなく創造と練習が一本化できます。

物語絵も同様です。題材を国語との関連で選べば，時間に余裕ができるだけでなく，物語のなかみを深くとらえた表現ができます。

基礎の充実　基礎的な描写力をつけるにしても教科書によれば，人の動きを描く力をつけるために1回だけ項目がつくられていますが，1回きりでは動きというむずかしいものが描けるようにはなりません。くり返しが必要です。そのような基礎的な力を育てる時間を年間のなかに確保しないと，結局その他の何をしてもうまくいかないことは自明です。つまり，上述の視点で教材を大胆に精選することにつきるわけです。

要は考え方の転換ということです。

共 通 問 題

> 問⑥ 学期末になると、同僚の先生から絵の評価をたのまれるのですが、自信がありません。見方と考え方をきかせてください。

要素に分けてみる　評価はねらいに照らして、それが達成されたかどうかで行います。見て描く絵に限らずお話の絵でも、くらしの絵でもそうですが、まず対象がどれだけうまく描けたかを要素的に分けてみます。要素としては形態、色彩、陰影、質感、動感、構図、空間などがあります。それらのいくつかを、学年の平均的なレベルを考慮して個々の絵について見ます。低学年であれば、形、色、動感、構図の範囲で見ます。

総合してみる　しかし、これは描き方（技術）の側面です。大事なことのいま一つに、対象の理解のしかたと感じかたがあります。それは無形ではありません。対象（ものとこと）にどう心を動かしたかは、色彩や、動感や構図になってあらわれます。

3枚の絵（物語『ごろはちだいみょうじん』中川正文・作による）を例にあげると、人のかたち、汽車のかたちに対象の理解と感じ方の相違が見られます。煙突から吐き出されている煙や村人の動作、表情に動感の違いが見られます。また、線路上の村人と狸と汽車の配置のしかたに、空間のとらえかたとあわした構図の違いが見られます。これらのことが評価の手がかりになります。

物語絵『ごろはちだいみょうじん』

> 問7 学級づくりに図工を生かすことができるでしょうか。その際，とくに注意しなければならないのは，どんなことでしょうか。

生活の伝えあい

子どもたち自身がそれぞれの生活を綴って文集にし，それを教材にしてお互いの生活を知りあうなかで協力の精神が育ちます。同様に子どもたちが自身の生活（画）を描き，伝えあうことによって個々人のつながりが強まります。

社会科学習で，郷土の産業や文化を調べるなかで共通の認識に立つことが学級づくりの基盤をつくります。同様に図工でたとえば壁画に取り組むことは，学級会で討論する以上に，一つの具体的な制作物の完成をめざすなかで，より一層子どもたちに適した学級づくりの方法となります。

集団の発展段階

ところで，学級づくりには共同の制作活動などが有効ですが，学級集団の発展の段階を軽視するわけにもいきません。共同で描いたりつくったりする活動には大きく分けて3つの発展段階があります。たとえていえば，みんなでダンゴをつくって皿に盛って喜ぶたぐいは第1段階で，個人差があらわにならず楽しく展開します。しかし第2段階で動物園をみんなで描くような場合，ライオンよりペンギンを描く方が容易なので，そこでは容易な作業を受けもつ子をさげすむおそれが生じます。そこで，解決の方向づけとして，「ペンギンのいない動物園はおもしろくない」というような助言が欠かせません。第3段階が第2段階と特に異なるのは，そのような矛盾を子どもたち自身で解決できるようになる点です。

共同画　わたしたちの村

共 通 問 題

> **問8** 静物画，風景画，人物画とか，想像画，空想画とか観察画などといいますが，その区別について説明してください。

絵画のジャンル　壁画『最後の晩餐』（1495―97）のテーブルにはぶどう酒とパンと果物と皿が雑然と並んでいます。また，キリストの後ろの3つの窓には近景に森が，遠景には重なる山並みが見えます。この『最後の晩餐』の小道具や背景にすぎないテーブル上のものや窓外の景色が独立のジャンルとして登場するのは，周知のように17世紀です。

こうしたおとなの絵画のジャンルが，そのまま子どもたちの絵画領域にもちこまれ，いまもときに使われるのが静物画，風景画，人物画といういいかたです。

「想」のつく絵　運動会や遠足の絵は見ながら描くわけではありません。体験したことを記憶保存して，それを思い出して描きます（再生的想像）。また，昔の話や外国の話は直接の体験ではないので，それまでに存在した体験をもとにして新たな像を創造することになります（創造的想像）。したがって，人生経験のごく短い子どもたちにとっては，創造的想像にもとづく表現は容易でないわけですが，それはそれとして想像画というような「想」のつく区分は，子どもの心理活動の面から生まれたものです。

その他，「想」のつくものに空想画，構想画，想画，思想画などもあります。

絵画教育の近代化　近年，写生画といわずに観察画というのも，子どもの心理活動にもとづいています。

こうして子どもの心理を重視するようになったのは，師匠と弟子の関係で学んだ昔の徒弟制から脱皮して近代教育として確立してきた教育の歴史の一断面を示しています。

> 問9　たとえば，遠足の絵は生活画でしょうか経験画でしょうか。

なすことによって
まなぶ
　習字練習と同じように図画手本をまねて描かせる古い教育から，無手本で自分の経験したことを描くように変わったのは大正の中頃です。さらに敗戦を契機にして教育の流れが「子ども自身の経験」を軸にする方向に変わると，子どもの絵も一層，子ども世界の興味や関心，欲求のおもむくところ（経験）を描く経験画中心になっていきます。そのすじみちで見ると遠足の絵はまさしく経験画です。が，一般には，これも生活画とよんでいます。

生活者が描く絵
　それに対して生活画は，昭和のはじめ頃東北地方一帯が不況と冷害におそわれたなかで，生活綴方による教育がはじまるのに並行して生まれました。たんに子どもの興味の世界だけでなく農業生産，経済などのからくりの中で生きているひとびとの実生活をとらえてあらわしました。したがって画題は蚕棚つくり，青梅はかり，豆粕はこび，落穂ひろいなど，生活そのものでした。

　そんな絵を描いていた子どもたちは学校では生徒（学習者）ですが，家に帰ると一人前の百姓（生活者）です。この生活者が描くので生活画ということでもあります。

　したがって，たとえば落穂をひろった自分の体験を描いた絵は生活画であり，また体験画とでもいうべき性格のものですから，たんなる経験画とはいえないわけです。

もみすり（山形県長瀞小学校の生活画，昭和初期）

共 通 問 題

> 問⑩　なるべく大きい紙に豊富な材料で描かせたいのですが，机が狭くていつも困ります。名案はないでしょうか。

大胆な絵

　　大きい紙に描かせるのは，萎縮している子どもの心をひらくためとか，低学年の子どもは小筋肉が未発達なので小さい絵が描きづらいからであるとか，腕を大きく動かして描いた大きな絵はのびのびして見映えがするなど，いくつかの理由によります。

　しかし，逆に大きくしか描けなかった子が細密に描けるようになるのは進歩であり喜ばしいことです。

"ザリゴン"の絵

　　したがって，画用紙の大小はねらいと課題できめるべきです。たとえば，コスモスの花1輪を描くとき4つ切大を用いたら，結果はもはやコスモスにはなりません。ザリガニを描く際，より正確に観察して描くのがねらいなら実物大に近い用紙が適当です。しかし，それを空想画の"ザリゴン"として表現したいときなどは大きい紙に必然性がありましょう。

ほしいデリカシー

　　絵画の値うちは物理的な寸法できまるものでないのはいうまでもないことのようですが，戦後いつの間にか大きく描くことが良いことのように一般に信じられてしまいました。

　しかし，かつて欧米をまわって児童画を研究してきた久保貞次郎氏が，日本の子どもの絵にはデリカシーが欠けていると指摘したことがあります。今も教訓にしたいことばです。

メキシコの内乱
（スライド「世界の児童画集」美術出版社）
……空の色といい，遠方のうすくらやみのなかにちらばっている家やゲリラ隊など，何という高度にせんさいな調子でしょう……

> 問[11] 水彩画の材料用具を購入するときの注意点は何でしょうか。とくに筆と絵の具について説明してください。

常識のうそ　低学年では手指がまだ巧みでないから太筆を使い，高学年になり細密な表現を必要とするようになるにつれ細い筆を使うのが自然だと一般には思いこまれています。

しかし，実際には子どもたちの手指の働きは1年生（6〜7歳）で充分細い筆が使えるところまで巧みになっています。

また，指導するうえでも，当初に太筆で奔放な絵を描くクセをつけてしまうと，その後ていねいに描く方向へ切りかえにくく，いつまでも幼児の絵のような荒っぽい絵しか描けない子が出てきますから，筆は上質のもの（4〜12号）で4号を加えた3本位が適当です。

絵の具も同様の考えで，太筆でべたべたぬるわけではありませんから，ごくふつうのもので充分です。なお1年生当初は固型絵の具を使うと水加減が容易に指導できます。

ケーキカラー　　ぺんてるKK
固型絵の具

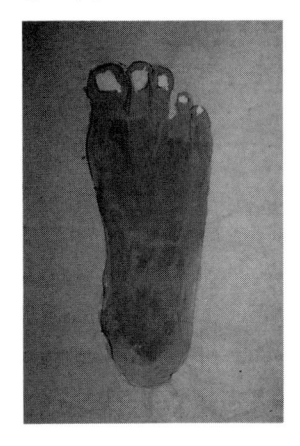

慎重な筆使い 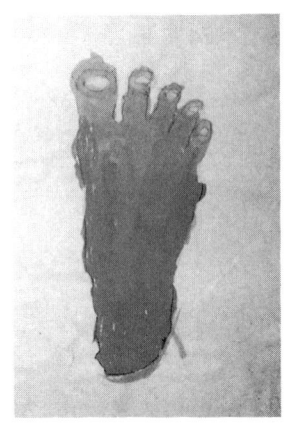　　　　粗い筆使い 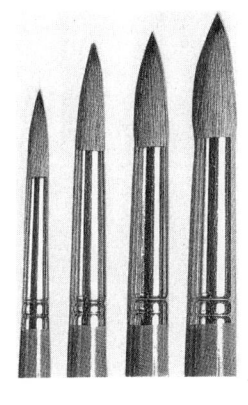　　　　4号　6号　8号　10号

34

共 通 問 題

> 問⑫ 指導要領では，水彩絵の具の本格的使用は3年生からとなっていますが，なぜでしょうか。

子どもまかせ　指導要領改訂にさきだって，絵の具使用の実態を調査したところ，低学年ではこなせないことがわかったから，といわれています。言いかえれば，絵の具をうまく使わせる力量が教師に足りなかったから，ということにもなりかねません。

しかし，この問題は，子どもや教師にその責任のすべてがあったとはいえないのです。

改訂前の図工指導書の中には，絵の具使用にかかわりのある記述として，「描画材料としては，鉛筆，クレヨン，パス類，不透明絵の具，墨などが用いられる……」「表現の方法は，児童の自然発生的な方法を重んじ，……技法的なものを経験させる場合でも，技法を教えることが目的ではなくて，新しい表現への興味を起こさせ，自ら工夫して表現する力を養うことが大切である」と述べられているように，子どものするのにまかせなさいということですが，こんなことでは，水加減，筆はこびなどデリケートな水彩絵の具は使いこなせないのが当然です。

ていねいな指導　絵の具で描きあげた絵は，パスで描いた絵などに比べて色鮮やかです。1年生でも，いや幼児でも順序立ったていねいな指導をすれば，見事に使いこなせます。

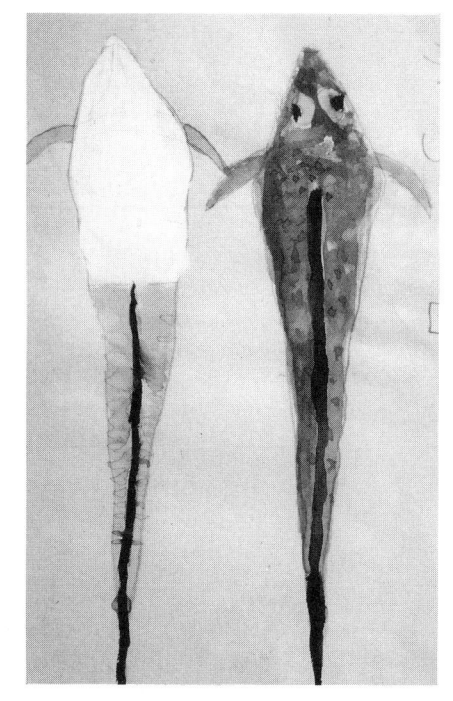

魚（がっちょ）のうらおもて，1年生

問13　三原色の混色で彩色する方法が流行していますが，その原理と方法と効果を説明してください。

三原色法の原理　　それは古くは明治初期の教科書にも見られます。

たとえば原色の赤と青を混ぜあわせると紫色に変わる混合の原理を発展させたものです。

混ぜる分量の割合によって無限ともいえる複雑多様な色合いがつくれるので，原理的には三原色があれば他の色は必要ではないとも一応いえるわけです（ただし，黒は加える）。しかし，それは理屈上のことで，実際には学年がすすむにつれ他の色も原理にそってしだいに使うようにしていきます。

概念的な色　　近年，子どもの絵は明るくなければならないと思いこまれ，純色をそのまま使う傾向が強まっています。そのために色数も多く24色などが普通に使われるようになっています。結果は，たとえば屋根は赤，樹は緑，道は茶色，空は青というような概念的な彩色に陥ることになりました。

三原色法はそうした弊害を救うために実行されはじめた方法です。

色づくりの楽しみ　　たとえば，柿を彩色するのに単色の橙色をぬればいいわけではありません。青い柿がしだいに熟れてほどよい柿色になっているのをあらわそうとすれば，黄色に少しずつ赤を加えて（色のたし算），そのものの色に近づけていく色あいの創造が必要です。その意味で，三原色の混色法は子どもたちにとっては創造の楽しみのあるしごとでもあります。

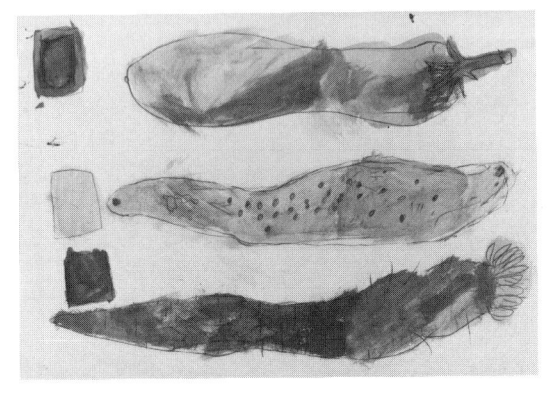

なす，きゅうり，にんじん

共　通　問　題

> 問14　暗い色を使う子がいるのですが，環境的，あるいは性格的に何か問題があるのでしょうか。

色彩と環境，性格　　下図は，「いつまでも赤んぼうでいたいという気持ち（黄）と，それにこたえて目にいれても痛くないくらい可愛いと思うお母さんの愛情（赤）が画面の中央を占めて，周囲をヘビがとぐろを巻いたような黒（恐怖）がとりかこんでいる」と解説されている絵です。が，その黒は，やがてお友だちになじむようになるにつれ消えていったというのです。

こうした色彩による診断は，アルシュラーとハートウィック女史著『絵画とパーソナリティ』の中の次のような説明にもとづいていると考えられます。

黒を好む子どもたち　　「情緒的な行動の欠けた子どもたち，すなわち，自由な感情の流れのない子どもたちが黒を用いることに固執する傾向がある。このような子どもは，きびしい教師や両親というような人に対する恐怖に対して，克服しようとする意欲を喪失し萎縮してしまっている子どもである。」

誤診の危険　　しかし，こうした色彩診断は，赤を好んで使うことは攻撃的な感情のあらわれであるとか，暗褐色を使用する子どもは排泄のしつけのきびしさに反発しているのである，というような常識的判断レベルの類推の域を出ず，科学的に証明されたことではありません。また，そうした診断を苦にして子どもが自殺するという事件があったことから「応用心理学会」（於，神戸）では，こうした速断をいましめるアピールを出しているのです。

> **問15** 見て描かせても、見ないで描いてしまう子がいますが、なぜでしょうか。どうすれば見て描くようになるでしょうか。

形をつかまえる　色は目にとびこんでくるが、形はつかまえにいかなければならない——といいます。

　子どもたちの描いた形が充分でないと、教師は「もっとよく見てきなさい」といいます。すると子どもたちはいわれたとおりに目をこらし対象を見つめ、描きなおします。

　しかし、ほとんどの場合変化はありません。それは、「よく見なさい」といわれただけであり、見方と描き方が示されていないからです。

"空中描き"の術　目だけにたよっては充分ではないのです。目と手を協働させてみるときはじめて確かに見えるのです。"空中描き"は、この見ることと描くことを統一した方法です。

　鉛筆をにぎった腕をいっぱいにのばし、鉛筆の先を対象物の1点にあわせます。そのとき両眼をひらいていると鉛筆の先が2つに見えるので片目をとじなければなりません。そしてつぎに、1点からゆっくりゆっくり対象物の形（輪郭）にそって手腕を数cm〜20cmぐらい動かすと、目と手が協働でとらえた対象物の形（輪郭）の一部分が記憶されます。そこで、その記憶した形を画用紙上に再生（再現）します。こうして、さらに続きを同様の方法でとらえ再生していきます。

　ちなみにこれを"忍法空中描きの術"などと名づけると、子どもたちははやく会得します。

空中描き

共 通 問 題

問16 即興でお話をして，後半を子どもたち各自に創作させた話を描かせたら，結果は予想外れてまずいものになりました。なぜでしょうか。

ないものねだり　子どもは豊かな想像力を生まれながらにもっているのであるから，教師や親の考えをおしつけないで自由に描かせると各自のイメージを画面に見事にあらわすという，一つの説にもとづいてこの質問は出されているように思われますが，実は子どもの想像する力（表象力）は生まれながらのものではありません。人の子が想像力を獲得しはじめるのは1歳前後の「イナイ，イナイ，バー」遊びなどからです。したがって，4～5歳児はもちろん，小学校前期の子どもたちでもまだ創造的想像は容易ではありません。つまり，せっかくの授業ですが，ないものねだりをしているということです。

想像力と創造　子どもは，ものを見たり触ったりという経験をとおしてそれを脳裏にたくわえ（記憶）ます。お話の絵を描くときには，ことばや文章を手がかりにして，記憶の中から適当なものを探し出し，あるいは記憶の中にすでにあるものを組み合わせて絵にあらわすわけですから，それ（創造的想像）には限界があって，経験したことのないものはなかなか描けないのです。逆に経験の範囲内のものは描けます（再生的想像）。一例でいえば，馬の背にまたがって大空へのぼっていくお話の絵は描けなかった子どもたちも，教室の隅でたまたま飼育していたカブト虫にのって大空へのぼっていく絵は割合描けていました。つまり，馬は描けないのですが身近になじんだカブト虫は描けるのです。

したがって，指導のなかでは子どもたちの経験の範囲をこえたものが登場するお話は，特に低学年では避けるか，あるいは充分な資料（実物，模型，絵図など）を用意しなければなりません。

問17 イメージをふくらませる指導は大事だと思いますが，本当のところ，どんなことかよくわかりません。説明してください。

イメージの性質　　工場見学を描こうと思えば，それをイメージ（表象）しなければなりません。お話を聞いて描こうと思えば，場面や人物のようすを想い浮かべなければなりません。しかし，そのとき脳裏に浮かぶイメージは，テレビ画像やカラー写真のようにはっきりはしていません。工場見学の印象がどんなに強烈でも，お話がどんなに感動的であっても，浮かぶ表象はあいまいでうつろいやすく断片的です。したがって，イメージが浮かんだらそれを画用紙面に移しかえればいいというものではありません。

五感でとらえる　　見ないで描く，想像して描く絵の難しさは，このへんにあります。したがって，イメージをふくらませるには，こうしたあいまいな，うつろいやすい不鮮明な脳裏像を少しでも確かなものにする働きかけが必要です。その一つに，子ども自身の経験をつけ加える方法があります。悲しい物語であれば自らの悲しみの経験を重ねてみます。また，全体を想い浮かべるための示唆をするのも方法です。たとえば，場面のイメージづくりでいえば，その"場"のその"とき"の気温や風向きや風の強さがどのようであったろうか，あたりからはどんな声や音が流れてきていたかなど，実際その"場"にいたら感ずるものごとのすべてを想い浮かべるような問いかけをします（子どもたちはことばで答える必要はない）。つまり，イメージを五感をとおして内面につくりあげるのです。

描く自由　消す自由　　しかし，それでもイメージの不都合な本性は変わりません。ふくらんだと思っても，やはり思うようには描けません。したがって，描いてみるしかありません。描いては直すことのくり返しをしなければなりません。

　したがってイメージをふくらませるというのは，脳裏の活動ではなく，描くという外の行為と並行しなければならない活動です。

共 通 問 題

> **問18** 切り花を描かせたのですが,できあがりませんでした。来週になると枯れてしまいます。どうしたものでしょうか。

ことばで書きとめておく

切り花に限らず魚や果物は,それが変形,変色しないあいだに描きあげなければなりません。それでも次の週にもちこさなければならなくなってしまったら,色合いや陰影を記憶するために鉛筆で軽く色名や濃淡などを下絵にことばで書きこんでおくのがふつうです。もし時間に余裕があるならば,部分部分にごく簡単に色づけをしておきます。それに加えて,カラー写真を撮っておければ最良です。

何をねらうのか

しかし,それもできないとなれば発想をかえて,そのものの色にこだわらずに,鑑賞用教材の花の絵や写真などを持ちより,それを模して彩色するのも方法です。それでも,花の絵がなければしかたありません。子どもたちのそれぞれが記憶の中から花の色を想い浮かべて描くことになります。しかし,問題は,そこまでしてそれを描かなければならなかったのかどうかということです。その題材のテーマ的,技術的なねらいが,"花"でなければ達成できなかったのかどうか,変形,変色しないものでねらいを達成できるものがなかったのかどうかです。

また,画用紙が大きいと時間がかかります。水彩で4つ切を仕上げるのに大体6時間から8時間はかかりますが,画用紙を半分にすれば半分の時間でできあがります。通常4つ切に描かなければならないと思いこんでいることが多いのですが,そこにもたいした必然性はありません。

こう見てくると,計画の段階で充分ねらいと題材と方法をつめておかなければならないという初歩的,基本的なところに話はもどります。

下描きの絵にトレース紙をのせ,そこに色名を書きこむとよい。

> **問19** 時間内に描ききれなかった絵は，家で描きあげるようにしていますが，結果はよくありません。扱い方を教えてください。

やる気と見とおし　昨今の子どもたちは学習塾やおけいこごとで放課後もスケジュールが一杯になっています。そこへさらに宿題で絵を描きあげねばならないとすると，当然やっつけしごとに終わります。

　しかし，すべてがそうだともいえません。家に持ち帰って仕上げたいと申しでる子どもたちもいます。その場合その子どもたちは課題に意欲を燃やしています。また，見とおしがはっきりしています。

課題の示唆　しかし，それにも年齢差，男女差，技術差があります。
　そこで，たとえば低学年の子どもでは，母の日などにお母さんの絵を描きますが，そのようなとき，前日にお母さんにだっこしてもらったり，おんぶしてもらうようにあらかじめ示唆しておくと，その絵は時間不足で持ち帰らせることになってもうまくいくものです。なお，目をとじてお母さんの顔を触ってから描くようにとつけ加えておくと，具体的に家での課題がはっきりするので，子どもたちは充実したしごとをします。

家でしか描けないもの　同様に中・高学年の子どもの場合も，教室ではなかなか父親の姿を思い出せないものですが，もし，帰宅して父親にモデルになってもらうなら，教室よりはるかにうまく描けるでしょう。また，ふだんはあまり対話のない父子でも，話しあいながら描いたならば，それは，教室内で父の像を描くのとまた違って意義のあるしごとになります。

　同様のことは家族に関してだけでなく，家庭にある家具，調度，衣類などさまざまなものについてもいえます。それらは，家でこそ描けるものなのです。家でしか描けないものです。

　家へ課題を持ち帰らせた場合の意欲や見とおしは，こうした意義を子どもたちに意識させるなかに生まれます。

共　通　問　題

> 問20　児童画コンクールや各種の展覧会に出品して，よい成績をあげるためにはどうすればよいのでしょうか。

審査員の顔ぶれ

　　　　　　　絵描きにするためでもなく，展覧会で成績をあげるためでもなく，子どもたちの人間形成が最終目標であるから，コンクールのようなものへの出品はやめた方がよいというのは正論ですが，現実には毎年膨大な量の子どもの絵が公募展などに集まってきます。

　それらは，一口にいうと展覧会向きの絵です。そして，それらのコンクールや公募展には，それぞれ著名な画家や美術教育者が審査員として名をつらねているわけですが，入選，入賞する絵はそれらの審査員の好みに合致するものでなければならないのは当然です。

展覧会の傾向

　　　　　　したがって，入選，入賞をねらうならば，それらの審査員の傾向を雑誌や美術展などで調べ，それに合うようなテーマ，材料用具を考慮して子どもたちに描かせ，大量の絵を年間をとおしてたくわえておき，へたな鉄砲も数うてば当たるということわざのように大量出品します。つまり，教育として考えるときには，どうにも合点のいかぬのが児童画コンクールという，メーカーなどが協賛している催しです。

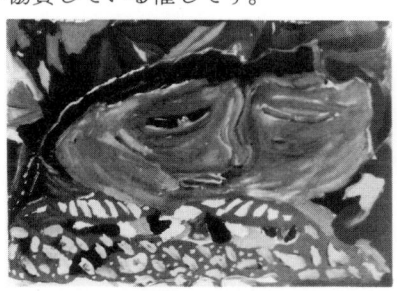

昭和26年　小学生朝日自由画公募
1等（1席）入賞作　2年生

「よい絵」推奨，岡本太郎
（『児童画評価シリーズⅡ』黎明書房）

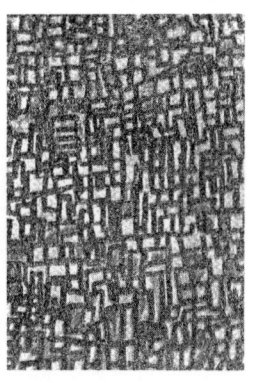

昭和27年　毎日小学生新聞展
1等入賞「無題」5年生

低学年の問題

- 絵　　画 ……… P. 46
- 版　　画 ……… P. 76
- 彫　　塑 ……… P. 81
- デザイン ……… P. 87
- 工　　作 ……… P. 93

問1 絵の具ではじめて絵を描きます。筆やパレットの使い方の要点を教えてください。

筆の水加減　筆にふくませる水の量の調節は、子どもたちにとって容易ではないので、はじめは絵の具を使わずに水だけで練習しましょう。水をふくませた筆先が図1のようになったら**ニコニコ筆**などと名づけ、ざら紙にいろいろな線を描かせます。水気がなくなりカサカサとしてきたら図2のような状態の**オコリ筆**。図3のような**泣き筆**で描くとざら紙がビチャビチャになって線描きになりません。いつもニコニコ筆で線描きができるよう練習します。水に酢を入れておくと、線あそびをしたざら紙をあぶり出しにすることもできます。

筆先がきちんとそろう　図1

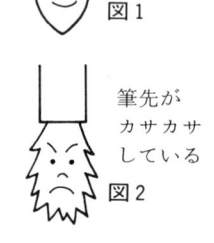

筆先がカサカサしている　図2

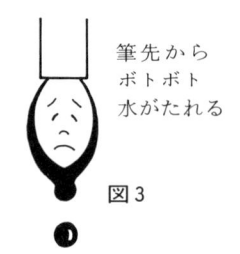

筆先からボトボト水がたれる　図3

パレットの使い方　絵の具をおく小部屋にはマジックで印をつけて、いつも同じ色をおくようにします。絵の具のチューブから出す量は、チューブのキャップ分位を目やすに出して残さないように使わせましょう。残ったときは、毎回洗い流させます。筆を使って洗うと筆先がいたむので指先で洗うかスポンジを用意しましょう。最後に雑巾で水気をふきとってください。放っておくとカビが生えます。

筆洗の使い方　筆洗は(1)溶き水、(2)洗い水、(3)すすぎ水の三槽が必要です。溶き水はいつもきれいな水の状態となるよう注意して、洗い水でジャブジャブとしっかり洗い、すすぎ水で水面浅くスースーとすすぎます。次に筆ふき布でトントンと軽く叩くようにふきとります。筆ふき布は古いハンカチを利用します。

問2 机が狭いので，絵の具の道具と画用紙がうまくおけません。道具の上手なおき方を紹介してください。

配置の工夫　　狭い机の上を上手に使うためには，低学年のころから整然と用具を配置する習慣を身につける必要があります。

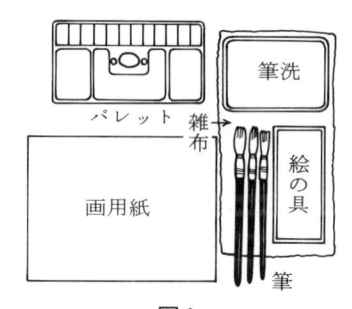

絵の具を使いはじめたころは右図のような配置図を掲げておきましょう。左利きの子の場合は左におきかえさせます。

机の上は狭いのでいつも最小限度の道具を出させるようにしなくてはいけません。

パレットを図2のように左手に持って描くと画用紙を置く場所が広くなります。

水がえのために立ち歩くと，よく机の端に置いた筆洗をひっくりかえすことがありますので，雑巾をしいて筆洗を床に置くのも一つの方法です。また，水がえで立ち歩く子が多くなると授業に集中しにくくなるので，図3のように2人1組にして，向かい同士で一つの筆洗を使って，交替で水がえに行かせるのもよいでしょう。

筆洗もできるだけ小型なものを選び，図2，図3のような工夫をします。バケツ状の筆洗がよく市販されていますが，場所を大きくとりすぎるので不適当です。筆洗は，水のにごりが一目でわかる透明なものが便利です。

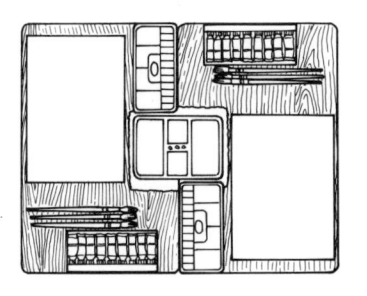

図1

図2

図3

問3 クレヨンやパスを使って描くのに適している題材はありませんか。

クレヨンで線遊び 　クレヨンは線描材ですので，入学当初の文字指導の初期に手首のコントロールを兼ねて，図工科でも"線遊び"をさせます。

1）　直線の例──動物・小鳥・虫などの檻や金網など

（動物や小鳥・虫をさきに描いておき，縦線と横線を端から端まできちんと描きます。）

2）　曲線の例──線路やジェットコースターなど

虫かご

（車両は折り紙で作り，長い曲線で描いた線路の上を動かして遊びます。グループで描いて，遊びます。）

3）　マルの例──タイヤやドーナツ，ペロペロキャンディーなど

（くるくる同じマルを描いたり，中心から外へ，外から中心へと渦巻きが自由に描けるよう手首をしなやかに動かします。）

パスの軟らかさを生かしたぬり方 　パスは軟らかなので，優しい線が描け，重色による混色や面ぬりにも適しています。

色画用紙や黄ボール紙に，雪やウサギ，ニワトリの毛の柔らかさをあらわすなど質感を考えてパスを使うとよいでしょう。

また，こいのぼりのウロコやあじさいの花びら，朝顔の葉など重色による混色で面ぬりをします。クラスみんなの作品を集めて，壁面に飾りつけます。大きな共同のこいのぼりや，あじさい，朝顔の花ができあがります。

問4　油性のパス類と絵の具を併用するとき，どんな注意をしたらよいでしょうか。

材料の性質を考えて　　油性のパス類は，水性の絵の具をはじきます。この性質を利用して，絵の具がまだ十分使いこなせない幼児期や1年生の初期に，よく併用します。

　たとえば，絵の具の扱いが未熟な1年生の1学期など，シャボン玉のマルをクレヨン・パスで線描きします。次に透明感のあるシャボン玉の膜は，絵の具でぬります。

　また，雨傘をさして帰る子どもはパス類で描き，雨は水彩絵の具で描きます。雨や空などは，水性の絵の具の方が描きやすいのです。

　このように，描くものの性質を考えて，油性のパス類と水性の絵の具とを使い分けて併用するとよいでしょう。

　しかし，描こうとする対象や内容を考えないで，線描きはパス類でして，面は絵の具でぬったり，背景を絵の具でサッとぬるというようにすると，たしかに時間がかからないなど都合のいいこともありますが，油と水という相容れない性質のものであるため，全体にケバケバした落ちつかない彩色になるので注意します。

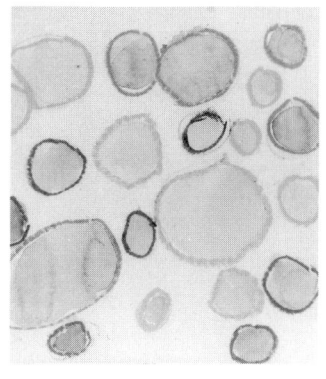

シャボン玉　　　　　　　雨の日

> 問5 低学年の造形的遊びについて，具体例をあげて教えてください。

表現につながる造形的遊び　造形的遊びというと，どうしても遊んだだけで終わりがちですが，たとえ，遊びであっても，色や形の基礎的技術の習得に発展するよう工夫することが大切です。

（造形的遊び　その①――色粘土遊び）

三原色の小麦粉粘土　何色と何色をどの位の分量で混ぜるとどんな色ができるかくわしく知らない低学年の子どもに，混色の基本を知らせるのに色粘土遊びがあります。

(1) 小麦粉粘土の生地づくり

　　1人150～200g　少し硬めに練ります。

(2) 色粘土づくり

　　基本色の赤・青・黄と白生地のままのものの4色をつくりますので，4等分します。4人1組で作業する方が早くできます。赤と青の絵の具はチューブのキャップ4個分見当を混ぜます。黄は弱いのでその3倍ほどを混ぜあわせます。

(3) 三原色の色玉で色づくり

　　赤玉プラス黄玉――橙
　　黄玉プラス青玉――緑　｝二色の色玉を混ぜて練ると新しい色が生まれます。新しくできた色玉の粘土を変形するとイメージが変わります。
　　青玉プラス赤玉――紫

(4) 三色で茶色づくり

　　赤玉，青玉，黄玉を同量ずつ混ぜると灰色になります。さらに赤玉と黄玉を少しずつ増やしていくと茶色に近づきます。（青1：赤3：黄9）

(5) いろいろな色玉で野菜や果物づくり

　　にんじん，きゅうり，なす，柿，メロン，ぶどう，ごぼうなどをつくります。

以上のような色粘土遊びの中で混色の基礎を知らせ，多彩な色を生み出す喜びを経験させます。

低学年の問題―絵 画

（造形的遊び　その②―――ジュース屋さんごっこ）

三原色の色水遊び　　混色の基礎が楽しく学べるものとして，色水遊びもあります。色水遊びの場合は，パレットや筆を使いますし，水の量の多少で色の濃淡が変わることに気づきますので，絵の具の混色と濃淡，水加減の習得につながります。

(1)　単色でイチゴジュース，レモンジュースづくり
(2)　2色混合のジュースづくり
　　　黄色＋赤色（オレンジジュース），黄色＋青色（メロンジュース）
　　　赤色＋青色（ブドウジュース）
(3)　絵の具の量加減により赤味がかったオレンジジュースや黄味がかったオレンジジュースができるなど，色合いを試します。
(4)　水加減によって濃いジュース，薄いジュースができることを試します。
(5)　三色混合で，コーヒー牛乳づくり
　　　黄9に赤3を混ぜた橙に，青1の少量を加えます。黄は赤や青に比べ弱いので，量を少し多めに使うよう注意します。

ジュース類には合成着色料などが入ったものが多くあることにも触れるなど，色の学習としてだけでなく，暮らしにも注意を向けさせたいものです。

初めての彩色　1年生の前期なら，ジュースのびんの形は印刷しておいて，ジュース屋さんごっこのあと彩色をしてみましょう。

ジュースびん

（造形的遊び　その③―――空中描きごっこ）

形を輪郭線でとらえる　　6，7歳は図式的表現から視覚的表現へ移行する時期です。したがって，この時期には，対象をよく観察して輪郭線で形をとらえるようにします。（共通問題，問15参照）

ハンカチの折り紙を　ハンカチは平面的で輪郭線をとらえるのに適当な題材です。

　古い白ハンカチを折り紙のように，いろいろに折っていきます。たとえば，やっこさんの形をつくりあげるまでに順々に折っていく折り目にそって指先で形をたどります。つぎにセミも折って，同様に輪郭線をたどって形を描きます。折り目を指先で空中でゆっくりゆっくりたどって，そっくりに描いていきます。こうして，平易なものから，だんだん難しい折り方のものへ進みます。

↓ (1)正方形・ざぶとん

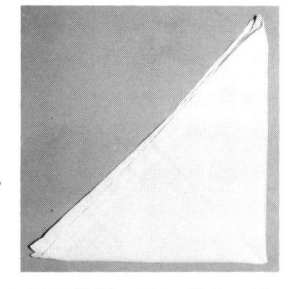

↓ (2)三角形・サンドイッチ

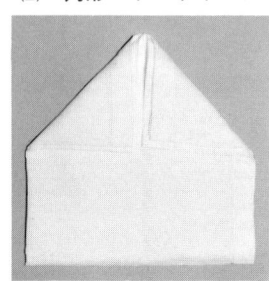

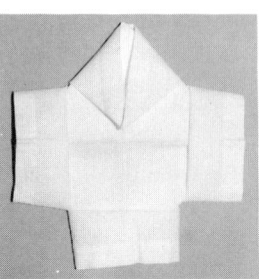

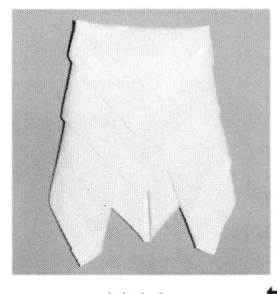

(5)せみ　←　(4)やっこさん　←　(3)家

低学年の問題―絵　画

（造形的遊び　その④―――ペープサートづくり）

　低学年の子に人物を描かせると，おおかた正面向きで手が短くなります。体のつりあいを教えるのは容易ではありません。
　ペープサートづくりは，こうした子どもたちに体のつりあいや手足の長さや曲がり方をつかませるのに適しています。

体の部分ごとに組み立てよう
　たとえば，玉入れをしている自分のポーズをペープサートにします。まず直立している姿を図のように，紙ロボット式に体の部分ごとに切り，その紙いっぱいに体の各部を描き，切り抜きます。別の紙に貼り合わせて人間らしくします。このとき，人間の肩から手の先までがいかに長いか実際に確かめると，その長さに子どもたちは驚きます。

手足を曲げて動きを表現
　つぎに，手足が動いているようにするためには，手足の曲がっている部分を折り曲げて貼りつけていきます。下の写真のようになったら，もう一度切り抜いて，別の紙に型どりします。それを後ろ姿に使います。友だちの後ろ姿を観察して描きます。表と裏ができたら，間にワリバシを入れセロテープで止めて，のりで貼り合わせます。

　できあがったペープサートを使って，お話をさせましょう。このような造形的遊びを通してお話をさせると，子どもたちは，とても上手にあったことをあったように話してくれます。
　造形的遊びによって形や色の基礎を楽しく知ることができるように工夫します。

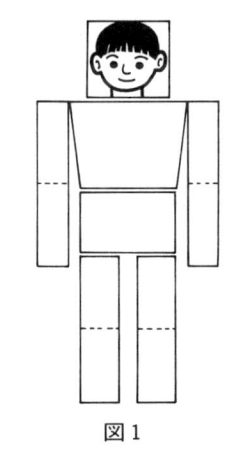

図1

図2

> **問6** はじめて絵の具で彩色をさせるとき，どんなことに気をつけて指導したらよいでしょうか。

水加減と水描き　　絵の具の使いはじめで一番難しいのは水加減です。水の加減で色の濃淡が違ってきます。

のり状の「ベタベタ」の状態から，少し水を加えた「ドロドロ」状のもの，水が少し多すぎた「サラサラ」状のもの，水が多すぎる「ジャブジャブ」状のものなど，何回か経験しないとわかりにくいものです。

最初は，絵の具をつけないで水描きをさせましょう。水だけで描くこの水描きは，水加減の大切な練習です。絵の具が切れたら絵の具をつけることを知るための前提です。水加減を試す，試し紙も使います。

ひと色の濃淡で描くものとして"手のひら"や"赤い風船"はどうでしょう。

ふくらませる前の風船①から②へ水の量を少しずつ増していきます。さらにふくらませて，だんだん薄くしていきます。試し紙で，色の濃さを試しながら，風船の輪郭からはみ出さないよう外から内へ，空気の流れのようにぬっていきます。

つぎに，色粘土遊びやジュース屋さんごっこを経験した子どもなら，三原色の混色で野菜（にんじん，きゅうり，なす，ばれいしょ）や果物（柿，青りんご，ぶどう）の色づくりをして，水描きをした後に着彩してみましょう。

①ふくらます前の風船（実物大，濃い赤）

②少しふくらました風船　　外から内へぬる

③もっと大きくふくらます　　だんだん淡く

問7 低学年に適した見て描く絵の題材と、その選び方を教えてください。

低学年はまだ図式的表現期ですが、観察することでより視覚的に描くようになります。したがって、複雑な難しい形のものはとりあげられません。

身のまわりの平易な形から　身近な草花で平面的なもの（マーガレット、ヒマワリ、チューリップなど）や小動物（ニワトリ、ウサギ、ザリガニ、虫など）、日用品（赤白帽、手ぶくろ、雨傘など）など、子どもたちが日常よく使うものや見かけるもの、描き手である子どもと写生する対象とのつながりが深いものほどよいでしょう。

また、学級園で子どもたちが育ててみのらせた二十日大根や、大根など一生懸命描きます。描き終わったら食べられる果物も子どもたちは喜んで描きます。

身近なもので、適当な大きさと平易な形のもの、しかも子どもとのつながりの深いものを中心に選んでください。

他教科との関連　たとえば、国語で「おおきなかぶ」を学習しているとき、かぶの写生をする——絵を描くことで"かぶ"を知らなかった子どもの理解力が高められる——というように、他教科と関連させたものを見て描く絵の題材に選んでいくのもよいでしょう。

とじた傘

> **問8** 1，2年生では，理科教材の中から見て描く絵の題材を選ぶとよいとのことですが，具体例で説明してください。

観察したことを文と絵に　1年生の理科で，たとえばほうせんかを育てて花が咲くころ「花壇に行って，理科ノートに花を見て描いてきなさい」というと，5分もたたないうちに多くの子が「先生，描けたよ！」とうれしそうに教室に帰ってきます。子どもたちは「花は茎の先についているものだ」という概念を持っており，見たつもりでサッと描いてきたのです。

そこで，みんなでもう一度花壇をとり囲んで，葉を数えたり，花の咲いている位置を確かめたりして，観察のしかたを示します。また葉を1枚ずつとって触り，理科ノートに貼りつけます。気づいたことを文章にも書かせます。

事実に即した絵や文　1年生では朝顔やほうせんか，2年生ではヒマワリやザリガニ，虫など，飼育・栽培活動をして観察していく理科教材は，図工科でも描画題材としてとりあげて，合科的な取り組みを展開していくことができます。

なお，このときは，観察して描いていったものなので，その絵にこびとを描き加えるなどの空想的な描き方はさせません。

あさがお

低学年の問題―絵　画

> 問⑨　春の花，チューリップを見て描かせると，「よく見なさい」といっているのにほとんど見ないで，もようのように描きます。どうしたら，見て描くようになるのでしょうか。

見る角度

低学年では，多くの子が正面から見ても側面から見ても，チューリップをもようのように図式で表現します。

しかし，対象物の輪郭をとらえる空中描き（共通問題，問15参照）を習得した子どもならば，見る角度によって形が変わって見えることに気づきます。

見たものを見えたように描こうとする，写実的表現に移行していく上では，見る角度が大切です。

たとえば，幻燈機でスクリーンにチューリップの影を映し出し輪郭をたどり，45度ずつ回転させるたびに空中描きをして，「見る角度で形が違う」ことを具体的に確認します。また，茎を包むように葉が伸びていることや，茎や葉も曲がっている線は曲げて描くこと，葉の重なりなどは板書で具体的に描き，わかりやすくします。

色合いの違いを見つけよう

彩色も，目の前のチューリップの色合いを混色し，試し紙で試しながら彩色します。

葉の色の中にも，花びらにも，微妙な色合いの違いがあることを見つけ，色の混ぜ具合を工夫させましょう。

「この葉の下の方は少し黄味がかっているから，絵の具の黄色を少し増やそう」など，色合いの変化をたくさん発見させながら，彩色するとよいでしょう。

チューリップ

問10 ウサギやニワトリを描かせたいのですが，動いてしまってうまく形がとれません。生き物を描くときの指導のポイントを教えてください。

動物の形態を基本形でつかむ

まず，ウサギやニワトリを抱いてみましょう。つぎに形態の特徴をとらえやすくするために，粘土や紙で「紙ウサギ」「紙ニワトリ」をつくります。

① 動物の身体の各部分を簡単な基本形としてとらえます。
② 実物を見ながら，身体の部分がどう動いているか観察して，ハトメでとめた紙のウサギやニワトリをつくります。
③ 「紙ウサギ」や「紙ニワトリ」を操作して，形をつかみます。（右図）

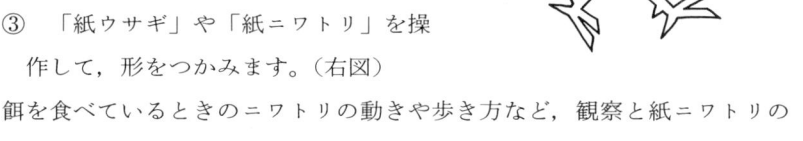

餌を食べているときのニワトリの動きや歩き方など，観察と紙ニワトリの操作のくり返しで描きやすくします。

色のつけ方

ニワトリやウサギは羽根，毛の流れにそってぬります。そのためには何よりも実物を触ったときの実感をイメージすることです。その感じをことばに置きかえて（たとえば，ウサギ――フワフワ，ニワトリ――サッササッサなど），そのことばにあわせて筆を動かします。

黄ボール紙にパス類で色をつけたり，たっぷりの絵の具でぬるとよいでしょう。（絵の具の扱いについては中学年，問9参照）

ウサギ

低学年の問題―絵　画

問⑪　お皿に盛った5つのりんごを描かせたら，皿の上にりんごを5つ広げて並べて描いた子がいます。どう指導したらよいでしょう。

重なり遠近と上下遠近　幼い子は，物体が重なっているとレントゲンで透視したように描きあらわします。

また，重なると後ろの物体は見えなくなることがわかっていても，描きあらわし方がわからず，全部を並列的に描くのです。

そこで「重なって隠れているところは描かない」ということを理解するために，たとえば，りんごの型紙をつくり，紙に描いたお皿の上に盛りつけていきます。（重なり）

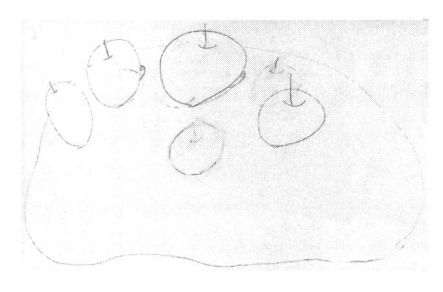

つぎに画面の上に貼るりんごは手前のりんごよりも遠くにあることを貼りつける前に確認します。（上下遠近）

この操作の後で絵を描くと，下の右の絵のように盛りつけたりんごが重なって描けます。

左下の絵は，このような重なりの学習をした後で描いたぶどうの房です。

ぶどう 　　　　　　　りんご

問⑫　4つ切の画用紙に，ザリガニを見ながら描かせたところ，伊勢エビのように大きく描いた子と実物大にていねいに描いた子がいます。どちらの絵がよいのでしょう。

実物大に描かせる

　見て描く絵ですから，まずザリガニの形がしっかり描けなければなりません。ザリガニと伊勢エビは同種のものですからよく似ていますが，大きさや形の上ではやはり違いがあります。実物のザリガニを見ながら描くのですから，ザリガニの特徴をよく観察して描かねばなりません。

　大きさによって"元気よさ"をあらわすのではないのです。また，大きく描くとどうしても雑になり，こまかな観察ができません。実物大の大きさで，しっかり観察させます。

紙の大きさ

　4つ切画用紙のような大きな画用紙を子どもに与えると，当然大きく描こうとする子も出てきます。そこで，このような場合は実物大，またはやや大きめの紙を使うのが適当です。

　実物大や少し大きめのザリガニを2〜3匹，ていねいに角度を変えて描くこともできます。下の絵は，切り抜いて水色の色画用紙に貼りつけてあります。

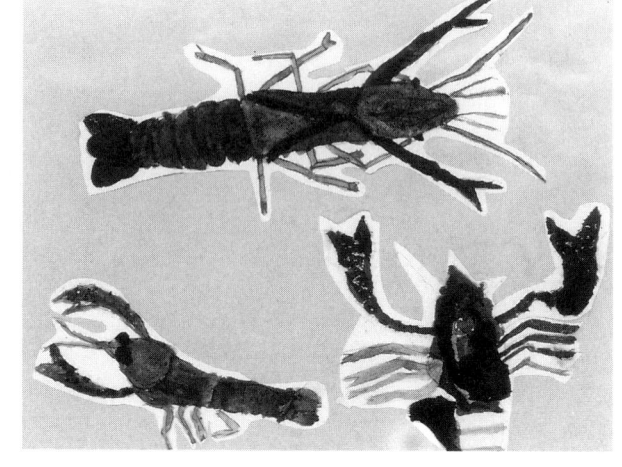

ザリガニ

低学年の問題―絵　画

> 問13　虫を写生しました。虫は上手に描けたのにバックの色をぬって失敗した子がいます。こんな場合のバックの処理を教えてください。

色画用紙に描く

　　虫を観察して、ていねいに描いたせっかくの成功感が、指導の重点でないバックで壊されてしまっては残念です。虫なら草むらを連想させる薄いきみどりの色画用紙に描いて、バックはぬらないですむようにすることもできます。

貼り合わせる

　　虫もバックもどちらもていねいに描きたいときは、別々に描きあげて、たとえば草むらを写生した絵に虫の写生を切り抜いて貼りつけることもできます。

　その際には、たとえばコオロギがよくいる場所やイナゴが好む草、虫の動き方など、子どもたちが理科で学習したことがらや虫とりの様子を話し合わせながら貼りつけていきます。

　右の絵は、グループで草むらを描いて一人ひとりが描いた虫を切り抜いて、草むらに貼りつけたものです。虫とりをしたグループで草を描き、各個人が捕えた虫の絵を切り抜いて貼りつけます。子どもたちが協力した虫とりの虫の絵が、協同で描いた草むらの上で生かされ、成功感が一層深まります。全グループの絵をつないで大きなびょうぶにすることもできます。

虫

虫のびょうぶ

問14 「かけっこ」をしている人を横から見て描かせたのに,顔や体が正面向きの人を描きました。どうしたらよいでしょうか。

横向きの人の表現方法 図式的表現期には,脚は開いて横を向いていても,胴体や顔は正面を向いてしまう絵が多くあります。

したがって,このときには横向きの表現方法を教えなければなりません。その一つは人形づくりです。

① 牛乳キャップの人形をつくる。

人形の体のつりあい,全身と部分の関係,横向きの動作の手足と体の関係をキャップ人形でとらえます。

② 横向きポーズのモデルを見ながらみんなで手作りの人形をつくる。

キャップ人形

人が横を向いていると「耳や肩が片方しか見えない」など子どもたちが気づいたことをモデルを見ながら確かめます。

③ 空中描きをしながら写生をする。(共通問題,問15参照)

下の絵は,運動会のかけっこでがんばったときの思いを文で綴り,正面向きと横向きのキャップ人形遊びでわかった横向きの人形のあらわし方を応用して仕上げたグループ画"かけっこ"です。

かけっこ

低学年の問題―絵　画

> **問15** 動きのある人を描かせたいのですが，低学年では無理なのでしょうか。指導方法があったら，具体的に教えてください。

体験と観察　　動きのある姿を描く前に，静止した後ろ姿，正面と側面の全身の立像などを順をおって指導をしていれば，低学年でも動きのある人を描けます。

たとえば，綱ひきなど動きが観察しやすい緩慢な動作に限るなら，その動作をしながらモデルの動作を観察するなど，体験と観察をくり返して描くことができます。

紙モデル人形　　人体のポーズ研究に使われているモデル人形（関節が自由に動く木製の人形）をヒントに考案された紙モデル人形があります。

この紙の人形は，立体的な動きはあらわせないのですが，シルエットになっているので，正面や横向きの動きがよくわかります。関節はハトメなどで動くようにしてあり，体の傾き，腕，脚，頭の向きを動かして納得がいくまでかっこうをつくることができます。

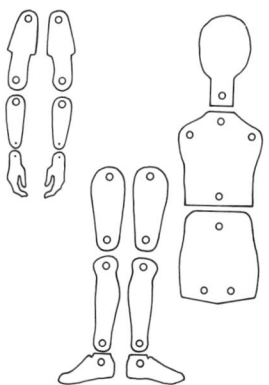

紙モデル人形（正面向き）

**紙モデル人形の　　**紙モデル人形は右の図の
つくり方と使い方　ような型を厚手の紙に印刷して切り抜き，ハトメなどで関節をつないでつくります。

紙モデル人形を使って，おおまかな動くポーズをうつし，動きを観察して描きすすめます。

なお，この紙モデル人形づくりそのものが，低学年の一つの題材でもあります。

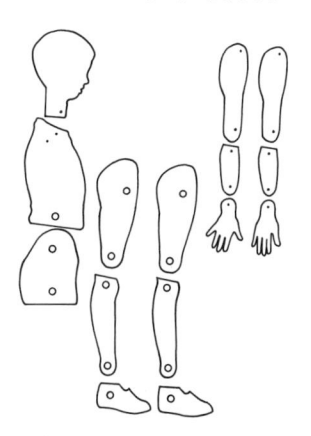

紙モデル人形（横向き）

> 問16 低学年でとりあげるお話の絵の題材選びの視点と，指導の方法を具体的に説明してください。

豊かな人間性を求めて　低学年の子どもには，何よりも人間の優しさや人間への信頼が深められるお話を与えたいものです。

その意味で，民話には人間の願いが素朴に語られている良い題材が多くあります。

主題と造形課題を結合させて　たとえば，民話『かにむかし』（木下順二・作）は農民一揆を原型とした民話で，農民の生き方，団結してたたかう人間の在り方をカニになぞらえて，生き生きと訴えかけています。このお話の絵は，カニ集団が寒い厳しい季節にサルのばんばという険しい山へ，なかまと一緒に登っていく姿をどう描くかが課題です。

カニを観察して写生し，カニの横歩きを子どもたちにも身体で体験させながら，かにむかしのカニを創造的に描きます。描く中でさらに読みを深め，子どもたちの興味の方向・質が高まります。

また，ロシア民話『漁師と金の魚』（プーシキン・作）のように難解な主題を持つお話であっても，主体性のないじっさまへの批判を，じっさまの形の変化や海の色，金の魚の表情（形）の変化であらわしていくことができ，絵を描く中で子どもたちは，自分の中にもある"じっさま"について考えていきます。

造形課題を追求していくなかで，お話の主題を深くとらえれるようにしたいものです。

金 の 魚

低学年の問題―絵　画

> 問⑰　子どもたちは，お話の絵だからはじめから終わりまで描きたいといいます。紙芝居のようにしてもいいのでしょうか。

お話の流れを楽しむ形式　低学年の子どもほどお話の流れを喜び，同じお話をくり返し読んで楽しみます。

また，お話には一つの場面があるだけではなく，お話の流れ（時間）や展開（空間）があります。紙芝居や絵本，絵巻物という様式は，その意味でお話を描くのに適しています。

たとえば，『だれのパンか』（今井誉次郎・作）は，麦まき，麦かり，とり入れ，粉ひき，パン焼きと働くニワトリの姿・表情が描き出されています。このお話のように「種まきからパンにするまで」の過程や順序が大切なお話は，はじめから終わりまで描くことで，その語りかける意味がふくらみ，目に見えてきます。

また『ふしぎなたけのこ』（松野正子・作）や，『しんせつなともだち』（ファン・イーチュン・文）など話の流れが大切なお話は，紙芝居や絵巻物にして楽しみます。

クラスの協力で紙芝居づくりを　さて，お話のはじめから終わりまで描くとき，ひとりで描くと時間がかかりすぎますし，といって急いで短時間で仕上げたら，各々の絵が雑になります。

この場合，クラスで協力して，ひと組の紙芝居にするなどの協同画による取り組みが自然です。加えて場面の切り方やイメージがふくらませやすくなる劇化をするのもよいでしょう。

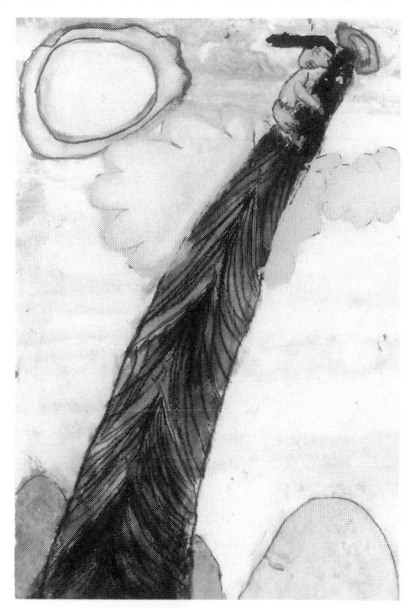

ふしぎなたけのこ

問18　お話の絵を描くとき，お話の中に見たことのない動物や，はっきり知らないことがらがでてきたら，図鑑・写真・絵本などを見せてやってもよいてしょうか。

イメージを
ふくらます
　見たことのないものは描きようがありませんから，もちろん，絵本や図鑑，写真を参考に見せなければなりません。

　ただし，実物がすぐ見れるものなら，本物を見せます。また，どんな資料を使った方がよいのかという指導上の考えは明確にしておかねばなりません。特に絵本で見せる場合，作家の絵のスタイルに縛られてしまいますので注意して選びます。

名画を参考に
表現方法を学ぶ
　たとえば，朝鮮民話『いなごとありとかわせみ』（松谷みよ子・再話）を絵巻物にするとき，絵巻『鳥獣戯画』を見せます。各場面ごとに絵を見て，お話づくりをし，読みとりをしたあと，模写をし，表現のしかたを学びます。

　生産と文化の発展に多くの恩恵をうけた朝鮮のお話を，日本的大和絵風の絵巻物に仕上げるには，この名画の鑑賞と模写なしにはできません。

　右下のこの絵の場面は，カエルが笑いころげる鳥獣戯画の絵を参考にして，子どもが身体表現をし，イメージ化して描いていったお話の最後の絵です。

　また，子ども自身が経験したことがない知らない出来事（たとえば，嵐で難破したなど）の表現方法も，絵本や名画，写真などで知らせ，それらを参考にイメージをふくらませるなど工夫します。

絵物語　アリが笑いころげる場面

低学年の問題―絵　画

> 問⑲　『おおきなかぶ』を描かせました。教科書や絵本をまねて描く子がいますが，さし絵はどう扱えばよいでしょうか。

身体表現で
イメージ化　『おおきなかぶ』の絵を描くなら，文章だけを印刷し，さし絵は見せないようにします。すでに見ている場合は，まねないように「ぼくの，わたしのおおきなかぶの絵を描こう」と提起しておきます。

　お話にそって劇をしたり，身体表現をして，さし絵で子どもがつかんでいる概念をくだいていきます。

　『おおきなかぶ』なら，シーツなど大きな布を利用して大きなかぶをつくります。また，実物のかぶの写生もします。劇化して，おじいさん，おばあさん，孫娘，犬，猫，ねずみ役の子どもが大きなかぶを引っぱります。体験して，そのようすを子ども自身のものにする工夫が必要です。身体表現によるイメージ化で登場人物の姿，形，願いをつかみます。

さし絵を利用して
ミニ絵本づくり　さし絵を逆利用して，ミニ絵本をつくるのも一つの方法です。国語教科書のさし絵のある場面は模写をし，ない場面は子どもに描かせます。下のミニ絵本は，国語と図工の授業を結びつけて取り組んだときの作品です。

おおきなかぶ

問20 友だちの描いた絵を鑑賞するときの具体的方法がわかりません。鑑賞するときの具体的な方法を教えてください。

見る順序　平素から友だちの絵について関心をもつよう，作品の展示や授業中でのとり扱いがまず大事です。そして，あらためて作品を鑑賞するときは，子どもたちに見て考える順序を示してやらないと，単に眺めただけに終わります。

低学年の子どもの場合，自分が描いただけで満足しているという状態ですから，友だちの絵を鑑賞して，学び合う時間を大切にしていきます。

たとえば，次のような質問をしてみます。

(1)　絵を読む……どんなことが描かれていますか？
(2)　技　術①……上手に描けているところはどんなところですか？
　　　　　　　②……もっと工夫するところや，自分ならこうしたという意見を発表しあいます。
(3)　お　も　い……描いた友だちは，この絵で何をあらわしたかったのでしょう。

ところで，みんなが(3)のおもいを明確にできるとは限りません。ですから，まわりの子どもに質問させて，その答えを考える中ではっきりさせます。

また，作品を描き終わったら自分の作品について作文を書かせます。描くとき一番苦労したことやできばえについて，自分自身どう評価しているか文章化しておくと，子ども相互の意見交流も生まれてきます。

手紙の交換
　えんぴつ対談　また，どういうおもいで絵を描いたのか，成功したところ，失敗したところなど描き手の感想文を書いておきます。つぎに友だちの絵を見てどう思ったかその感想を手紙文にして交換します。このような手紙文形式で交換していく方法や"えんぴつ対談"のように対談形式で批評や質問をしあう方法があります。どちらも，絵を見て感じたことや考えたことを文章化して，それを交流していくというやり方です。

低学年の問題―絵　画

問21　絵本を見せることは，子どもの絵の指導にプラスになるのでしょうか。具体例をあげて，絵本の鑑賞の方法を説明してください。

絵本の絵の影響　　子どもはすぐれた絵本の絵に助けられながら，お話のイメージをふくらませていきます。

　絵本の絵は，画家が物語をイメージして描いたもので，画家のおもいが表現されています。その絵が子どものイメージの出発点となります。また表現方法（人物の表情，画面の組み立て，構図，雰囲気など）も参考になります。

　したがって，絵本の絵は色や形のみならず，豊かなイメージが創り出されるような芸術的に優れたものでなくてはなりません。

絵本の鑑賞　　たとえば『うみのがくたい』（大塚勇三・作，丸木俊・絵，福音館書店）の鑑賞を順序にそってあげると次のようになります。

(1)　表紙をふくめた14場面の絵を見せる。（絵のみ）……最初の印象を話し合う。
(2)　各場面ごとの読みとりをする。……各場面ごとにお話づくり。
(3)　絵だけを見ながら，お話の語りを聞く。
(4)　表紙の絵と最後の場面の絵（夕焼けの海）の2枚だけを見て，"うみのがくたい"の絵の感想を書き，話し合う。

　子どもが絵を見て感じたことを大切にして，絵をしっかり読みとります。

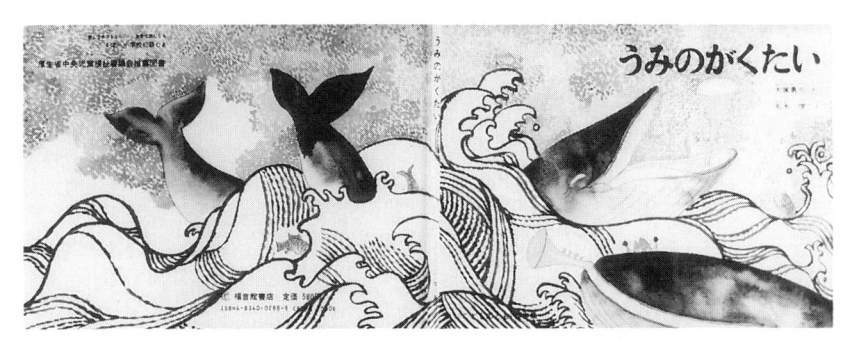

うみのがくたい（福音館書店の絵本）

> **問22** 入学初期の子どもに学校であったことを絵に描かせてみようと思います。具体的な方法を教えてください。

"あのね"カード（絵）の活用　子ども一人ひとりのようすを早く父兄にお知らせしたいのですが、まだ文字指導も完了してない入学当初ではなかなかできません。全員の連絡帳も記入できません。こんなとき、"せんせい　あのね"の作文指導を絵カードに応用して、学校であったことを「おかあさん　あのね」と絵に描かせます。短い時間で、子どもが楽しんで描くようにするために紙は小さめにしておきます（大学ノート$\frac{1}{2}$位）。おうちの人に絵を見ながら、子どもの話を引き出してもらいます。絵を説明させるのもよいし、絵に描けない事柄を話として引き出すこともできます。

この"おかあさん　あのね"の絵カードの意義は、文字・文章指導に入る前提としてことばを豊かにするだけでなく、親子のかかわりも深めるものになりますし、入学当初の父兄の不安も和らげます。

口頭作文の指導に生かす　話したいことを絵に描いておくと、幼い子は絵に助けられて話しやすくなります。

また、文字の書けないころから、教師が絵を手がかりに子どもからお話を聞きとってやり、子どものつぶやきを文章化する口頭詩・作文の指導にも役立ちます。

（参考）1年1学期の絵の"あのね"カードと聞きとり文

せんせいあのね、ぼくのいえ　おとうさんかえってから　しょくじするねん。

おなかすいてたまらんよ。かれえらいすのとき　おなかばんばんになるねん。でもおかあさん、おとうさんだけたくさんにして　ぼくの　ちょびっとや。おかあさん、ぼくのきらいなにんじん　たっぷりいれる。ずるいよね。

ぼくのいえのゆうはん

問23 くらしの絵を描くとき，低学年での指導方法を紹介してください。

絵カードから絵日記へ　学校や家であったことを，絵カード（問22参照）に描かせてお喋りをさせます。さらに，質問をして聞き出して補足します。文が書けるようになったら，絵日記カードに変えます。絵に描く前に，内容を短い文に書いて整理します。

(1)　いちばんかきたいことは　なにですか？

(2)　それは　いつ，どこで，だれと，なにをしたことですか？

(3)　それについて　どんなことをおもいましたか？

この質問によって，場面，情景や人物がはっきりとイメージされたところで絵が描かれます。最後に描けた絵を見ながら日記文を書きます。「絵に描いたように　文を書く」ので，低学年の子でも抵抗なく楽に長文を書きこなせます。

クーピー・色鉛筆で気軽に綴ろう　毎日，短時間で描く絵——子ども自身が絵を描きながら話し，つぶやきながら描く絵は，気軽にできることが大切ですので，絵カードや絵日記の大きさが重要です。大きなものはいけません。"せんせい　あのね"カードや絵日記を同じ大きさにしておくと1年生の思い出帳として1年間分を綴じることもできますので，大学ノート大やざら紙大ぐらいが適当です。

また，用具は絵日記の前の頁に色がつかず，簡単に使えるクーピーや色鉛筆が適当です。

さらに，毎日絵を描き，お話をして綴っていくことが大切ですので，子どもや親の負担にならないよう工夫しなくてはいけません。学級通信や文集に掲載し，励みになるようにするのも一つです。

> **問24** 絵日記を描かせると，一人ひとりが違う内容を描くので一斉に指導することが難しいのですが，どうしたらよいでしょうか。

暮らしの伝えあい　　くらしの中の身近な出来事を描いた絵日記は，交換して読み合ったり，グループで絵を見ながら質問や感想を出し合うことで，お互いのくらしを知り合い，自分をみんなの中に結びつける意義があります。子ども同士がより深く知り合い結びつく，仲間として成長していく上で大切なことです。

その絵が「伝えあい」の役目を果たすには，友だちにもわかるように描かなくてはいけません。絵を見せながらお話をし，友だちの質問に答えて，絵のつけ足しもします。

O.H.P を使ってみんなで話し合う　　ところで，絵日記の絵は小さいので，一斉指導や集団で話し合うには不便です。そこで，1グループずつO.H.P用紙に絵日記を描き，映像化して集団討議をします。

どう描いていいのかわからない子にまわりの子が質問したり，「ぼくなら，こう描くよ」という意見を出していきます。友だちに影響されながら工夫をさせます。（右のO.H.P絵日記）

映像化すると集団討議がやさしくなるだけでなく，お互いのくらしの伝えあいを容易にし，表現方法のいろいろを映像で具体的に知らせ合えるので，表現方法の交流にもなります。

O.H.P 絵日記

低学年の問題―絵　画

> **問25**　生活の絵（くらしの絵）の題材にはどんなものがありますか。また，どう指導したらよいか説明してください。

くらしのたより　　学校・家庭・近所での毎日の遊びや手伝いなどを描く
と自然のたより　「くらしのたより」や四季おりおりの自然の変化の発見や理科学習の飼育・栽培活動を中心に綴った「自然のたより」は子ども同士のくらしの「伝えあい」になるだけでなく，生活の絵を描くときの題材源になります。

たとえば，下の絵は秋に描き綴ってあった絵日記（(1)近くの雑木林で虫の死がいを見つけた絵日記。(2)同じ雑木林にクラスで遊びに行った日の絵日記。(3)落ち葉を拾いに行った日の絵日記。(4)放課後，友だちと落ち葉を拾った日の絵日記）をもとにして描いた"おちばひろい"です。造形課題としては，①雑木林の木々の基底線，②しゃがみこんで落ち葉を拾う子どもや楽しそうに走り回る友だちの姿を描くの2点について，観察をもとに学習し，(1)～(4)の絵日記のまとめとして描いていきます。

たんに思い出して描くのではなく，子どもが思い出しやすく，イメージをまとめやすくしてやります。

低学年の題材　　子どもの生活の中にある題材で意義のある題材としては，遊びや仲間との生活（なわとび，登下校の道），家族とのふれあい（おてつだい，おつかい）などさまざまな生活を描く題材があります。低学年の子にはこんな生活の絵をどんどん描かせます。

おちばひろい

> 問26 くらしの絵を描くとき，社会科や理科と合科的に取り組むとよい といわれましたが，具体例を示して指導のポイントを教えてください。

その1 社会科の教材から

　低学年の社会科学習では，主に学校・家庭・身近な地域での生活を，見学・調査・観察・体験をとおしてすすめますが，その学習した事実を絵に描くことでその内容と子どもの思いや考えがさらに深まります。

　たとえば，2年生社会科の「お店で働く人」の教材から"おかあさんのかいもの"という題材をとりあげた場合，校区のお店調べ，買い物調べの中で少しずつ見えてきた毎日のくらしの中にある母親の働きぶりが，買い物をする姿として絵に描く中で理解でき，母親に対する信頼と愛情が深まります。

　指導としては，まず，社会科学習をかねて母親がよく買い物をするお店を見学したり，母親と一緒に買い物に行ったりした体験を絵日記にまとめておきます。それからつぎのように絵を指導します。

　(1)作文・おかあさんの買い物のしかた，(2)第1次絵，(3)作文をもとにパントマイム・モデルを使ってスケッチ，(4)おかあさんを10分スケッチ・親から聞きとり日記に書く，(5)同じような買い物のようすを書いている子どうしで集まり，キャップ人形で動作を考える，(6)作文・下絵，(7)下絵を切り抜き，店のスケッチの上に置いて構成する，(8)着彩。

　聞きとりや，親と一緒に買い物をするなどの体験をもとにパントマイムで買い物のようすを表現することや，なぜそのような買い方になるのかを話し合う時間を大切に指導していきます。

おかあさんのかいもの

低学年の問題―絵　画

その2　理科の教材から

　　栽培活動や飼育活動など，理科教材の中にも見て描く絵の題材だけでなく，生活画の題材がたくさんあります。

　たとえば，2年生理科の虫の学習の場合，虫とりの体験を絵日記に描きます。捕えた虫は詳しく観察し，虫の体のしくみも理解していきます。また飼育活動をとおして虫のえさやすみかを調べます。友だちと一緒に虫とりをくり返し，理科学習を深めると同時に，虫とりという体験の中で感じたことやおもいを絵に表現します。

　写真のような再現ではなく，画面の組み立てや（草むら），人物と虫のようすを強調，省略を試行錯誤しながら描かせます。虫とりの絵を描く中で虫への理解を深めます。

　低学年の理科教材のほとんどが，観察・栽培活動，飼育活動や子どもの遊びをとおして展開されていくので，子どもの生活を掘り起こし，絵に描いていくしごとの中でより豊かで確かな目を育てるようにします。

　下の絵は，虫とりの絵日記をもとに（第1次絵），虫とりのポーズを交互にしながら下絵を描き，紙版画にしていったものです。

　下絵を描くとき，子どもたちは虫について理科で学習したことがらを思い起こしながら描いていきます。理科学習と絵に描くことを相互に活かすようにします。

　合科的に取り組むということは社会科・理科学習と絵に描くことを有機的に結びつけることで，絵に描くことによっていっそう学習が深まるのです。

虫とり

問27　1年生に紙版画をさせると，版をつくる要領がなかなかのみこめない子がいて困ります。紙版画の前にどんな指導をすればスムーズにいくでしょうか。

版画はものの形を写しとることからはじめます。型を押したり，こすりだしたりするしごとから，木版画やドライポイントなど，数多くの教材がありますが，大切なのは形を写しとる版の特徴をつかんでそれを生かすことです。

スタンピング（型押し）　版画の最初は，ものの形を写しとるスタンピングからはじまります。それは，子どもたちの日頃の遊びの中にあるものです。

1. 手型押し　指の先や手のひらに絵の具かインキをつけて，紙に押しつけて写しとる遊び。
2. 型押し①　ビンやのりのキャップなどの平面に絵の具かインキをつけて形を写しとる遊び。
3. 型押し②　自然物，たとえば木の葉の表面に絵の具かインキをつけて写しとる遊び。

型押しをするときは，新聞紙を数枚置いてクッションにし，その上に写しとる紙を置くようにするとうまく写せます。

手型押し

型押し

フロッタージュ（こすりだし）　板の木目など，表面に凹凸のあるものに薄い紙を当てて，鉛筆か色鉛筆などでこすって写しとる遊びです。

1. 人工物の表面を写しとる。
   コインやメダル，その他，表面に凹凸のあるもの
2. 自然物の表面を写しとる。
   木の葉や木肌など，表面に凹凸のあるもの

表面のこまかな変化を写しとるには，薄手の丈夫な紙を使い，鉛筆や色鉛筆のような硬めの描画材を使うときれいに写せます。

鉛筆でこすりだす

タンポですりだす

このようなスタンピングやフロッタージュのしごとは，形を写しとるという版表現や版をつくる要領への理解を助けるものになります。

低学年の問題―版　画

> **問28** 型押しやこすりだし遊びから紙版画にはいっていくまでの手だて
> をもう少しくわしく教えてください。

　問27のスタンピングやフロッタージュのしごとは，子どもたちの遊びの中の版画のはじまりとして位置づけられますが，版をつくるしごととしては，つぎのようなものがあります。

形をつくってこすりだす　　フロッタージュのしごとの発展として，子どもたちに画用紙に好きなものの形を描いて切りとらせ，それを並べたり重ねたりしてこすりだしさせます。これも，形を写しだすしごとですが，版をつくるということの面白さを加えていろいろ工夫させてみましょう。

形見つけから形づくりへ　　子どもたちに好きなように画用紙を切りとらせ，切りとった形の中から，それがどんなものの形に見えるか考えさせます。そして，それを具体化するために，足りないものの形を加えてものの形をつくりだす活動へと発展させると，版をつくる方法を理解させることができます。

紙の切りはし

紙の切りくずから
形づくりへ

ステンシルの版つくり　　画用紙にいろいろなものの形を描いて切り抜き，その切り抜いたところにタンポやローラーで，絵の具やインキを刷りこんでつくる版画があります。前記の2つのしごとがつきでた部分（凸面）を写しとるのに対して，これはくぼんだ部分（凹面）を写しだす版表現になります。

　このような形づくりや形見つけ，ステンシルなどのしごとは，紙版画に入るすぐ前のしごととして経験させておけば抵抗感も少なくなります。

形の切り抜き

　紙版画に限らず，版画への理解を深めていく上で，子どもたちにこのようなしごとに取り組ませていくことが大切です。

> **問29** 1年生で最初にさせる紙版画は，どんなものをどのようにつくらせたらよいでしょうか。

　紙版画の最初は，ものの形を切りとって台紙にはらずに，その形のものだけに直接インキをつけて刷りとる「切りとり紙版画」がよいと思います。

切りとり紙版画のつくり方　たとえば，動物を題材にして切りとり紙版画にする場合，つぎのような手順で版をつくります。

(1) 動物の胴体にあたる形を切りとる。（頭のついた形にして切りとってもよい。）

(2) 足やしっぽ，頭，耳などの形を切りとる。

(3) 胴の部分を中心に動きや表情を工夫しながら足やしっぽ，頭，耳を胴に重ねてはりつける。

(4) できあがった動物の形を新聞紙などの上に置いてインキをつける。

(5) インキのついた動物の型紙だけを別のきれいな新聞紙の上に置いて紙をのせ，刷りとる。

指導のポイント　(3)の胴に足やしっぽをはりつけていくときは，胴からはみだしている足やしっぽなどの部分が，はがれないようにしっかりはりつけます。

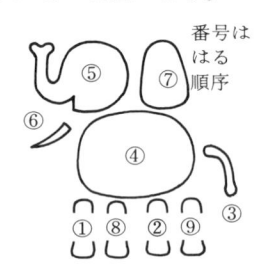

(4)のインキをつけるときには，ローラーに型紙が巻きつかないように隅の方を指などで押さえながらつけていくようにしましょう。

指導上の留意点　切りとり紙版画のしごとは，ものの形の部分を切りとりそれを組みたてて版をつくるしごとですから，一つ一つのものの形だけに集中して版づくりをすることができます。

　とくに，動物や人物などの動きや表情を版をつくるしごとの中で工夫していくことができる点に注目し，それに重点を置いて指導をしましょう。

低学年の問題―版　画

> **問30**　低学年で，くらしを題材に紙版画をさせたら，人物などを並べただけの版になってしまいました。どう指導したらよいでしょうか。

イメージづくりと版づくり　絵を描くにしても，版画にするにしても，大切なのは，どこで，だれが，何をしたのか，という画面を構築していく上での主要なものをいきいきと描きだすことです。一人ひとりの子どもがそれを具体的にイメージするための手立てとして，紙版画を使います。

　紙版画は，人物や手や足，頭などの部分を操作することで，動きや表情を探りながら形をつくっていくのに都合のよいしごとといえます。

画面の情景づくり　子どもたちがイメージをつくっていく過程では，観察したり，動作の再現をしてみるようなしごとをうまく取り入れていかねばなりませんが，その前に，何が，どんなだったのかという画面全体の組み立てを，おおまかにつくっていきます。

　そして，そこに登場する主要な人物や動物はもちろん，その他の木や草，家なども画面のどこにどのように配置するかを工夫させます。

人物の動きづくり　その上で，だれが，どんなにしていたか，人物の動きや表情を工夫してつくっていくしごとに入ります。

　人間の体全体を，下の図のように，頭や顔，胴や腰，手や足などの折り曲げられる部分に区切って形を切りとり，それを組み立てていくことで，動きや表情を工夫し，つくっていきます。

形を描いて切りとる　　のりではって組み立てる　　できあがり

　このように，部分をいろいろに組み立てて版をつくっていくしごとは，ものの形を分析的にとらえ操作することで，いろいろなものの動きや表情をつくり出し，表現力を高めていくことができます。

> **問31** 紙版画でいろいろ違った材質の紙を使わせたら，わけのわからない版になってしまいました。どんな指導が必要なのでしょうか。

 教科書では，版画は年1回ぐらいしか扱っていません。だから，子どもたちの版画経験は少ないとみなければなりません。どんな材質の紙を使えば，どんな版のあらわれ方をするのか，どんな紙の切り方をすれば，どうなるのか，ほとんどの子どもたちがわかっていないとみるのが順当です。

紙の素材を試す
① 台紙に薄手の紙をはって，インキをつけて刷りとる。
② 台紙に厚手の紙をはって，インキをつけて刷りとる。
③ 台紙におもてのざらざらした紙をはって，インキをつけて刷りとる。
④ 台紙におもてのつるつるした紙をはって，インキをつけて刷りとる。
⑤ その他，手でまるめてしわの寄った紙，穴のあいた紙などをはって，インキで刷りとる。

紙の切り方を試す
① はさみで切ってはったもの
② 手でちぎってはったもの
③ 和紙のような繊維質の紙をちぎってはったもの

などのような作業を遊びの中に折り込んでさせてみましょう。

 このような経験をふんだ上で，どの部分に，どんな紙を使い，どんな紙の切り方のものを使えばよいかを工夫させるようにします。

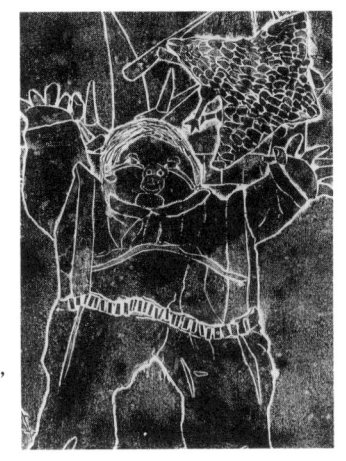

 たとえば，ここのところの人物は，はっきりわかるようにするために厚手の紙を使うとか，この人物は，向こうの方にいる人物だから薄手の紙を使うというように，表現の内容に即して子どもたちが工夫していくようにします。

 紙版画の表現のしごとをしていく前に，このようないろいろの材質の紙を使って，版のあらわれ方を（できれば切り方の問題もふくめて）試してみることで版表現の内容を豊かなものにさせたいものです。

低学年の問題―彫　塑

> **問32**　粘土工作にはいる前に，砂や土で遊ばせることが大切だということですが，それはなぜですか。

身近な素材　　砂や土や粘土は，直接自分の体・手や足を使って働きかけ，形づくることのできる造形素材です。土や砂で遊ばせることは，自然と接する喜びと，身近なところに，身体全体で造形・表現することができる素材を，子どもたちの手で再発見させることです。

より確かな造形表現へ　粘土で遊んだりものを作ったりする前に土や砂に目を向けさせ，可塑的な素材に対する親しみと理解を育てることにはもう一つの意味があります。崩れやすい砂や土よりも，もっと造形活動に適した粘りと軟らかさを持った素材である粘土に接したときに，子どもの活動がより豊かでより確かなものへと発展することにつながるからです。

準備と展開　さて，砂や土の遊びには，学校に近い空き地，なければ校庭の片隅に，土を掘り起こして充分に軟らかくした遊び場を確保したいものです。どうしても適当なところがなければ砂場を利用してということになりましょう。

子どもたちは，汚れてもよい服装，もちろん素足，腕まくり，伸びすぎの爪は切らせておくなどの配慮は欠かせません。

準備がととのったら，掘る・すくう・運ぶ・積み上げる・叩く・おさえる・均すなど，さまざまな活動を自由にさせます。砂遊び・土遊びは，絵を描くのとは違って立体造形に発展する遊びですから，とくに，深く掘る・高く積み上げる・穴をあけるなどの活動を重視しましょう。

また，視覚だけでなく，手足で直接素材に触れる触覚を大切にしたいので，必要があり要求が強くなるまでは，道具を与えないようにしましょう。

砂遊び

> 問33 はじめて粘土工作をさせるのですが，何からつくらせたらよいか
>   迷っています。どのような題材が適当でしょうか。

子どもの粘土経験

　　　　　　　　　　はじめての粘土工作といっても，子どもによって就学前の経験はさまざま。いきなり題材を与えて「粘土で○○をつくりましょう」では，こじんまりしたしごとになってしまいそうです。

　これまでに，自然に砂や土と親しんで→土や砂の遊びを楽しみ→粘土遊びも経験して→粘土でものを形づくる面白さがわかってきた，といった経過があればよいのですが，実際はどのようなものでしょうか。

　どうかすると，油粘土などで，ちまちました物をつくる癖がついてしまっている子が多いものです。

　そこで，まず，土や砂の遊び（問32参照）を発展させて，粘土で遊ぶことから始めるのがよいと思います。

粘土遊び

　　　　　　　○粘土はいろんなことができるよ！

　ちぎったり，くっつけたり，丸めたり，のばしたり，高く積んだり，工夫して，いろいろやってみよう。

　○粘土はいろんな形になるよ！

　ぎゅっと片手でにぎったら……これは，何の形かな？

粘土遊び

　ぐっと両手でおさえたら……これは，何に見えるかな？

　へこませたり，穴をあけたり，くっつけたり，つまんだり，みんなと違う形にしてみよう。できたら，なまえをつけてみよう。

　これは，粘土遊びのほんの一例です。ふたり，3人，もっと大勢でのグループ遊びも考えられます。

　遊びの中で粘土という素材に親しみ，その性質を知り，創ろうとする心が育っていきます。題材を与えてつくらせる前にぜひ通らせたい道です。

　――準備――粘土はひとり宛3 kgぐらいは欲しいですね。

低学年の問題―彫　塑

問34　粘土でいろいろな動物をつくらせたところ，粘土板の上に平らにつくってしまう子がいます。どう指導すればよいのでしょうか。

表現の方法はいろいろ　粘土だから，当然立体的につくるだろうと思うのは，おとなの常識的な考えです。

ある子は絵を描くのと同じように考えて，また，ある子はうまく立たせられないので，粘土を板の上に平らにつけ＜寝かせ＞て表現することがあります。彫塑には，空間に立体的にあらわす丸彫りと，平面上に（半）立体的にあらわす浮き彫りや透かし彫りなどもありますから，いちがいに，子どものやり方がおかしいと決めつけるのはまちがいです。

指導の手立て　ところが，立体的につくらせようと思っているのに，絵画的な表現や，浮き彫りになったのでは困ります。

そのためには，立体としての彫塑は，文字通り立つことがいちばん大切だということをしっかりわからせることですが，ことばではなく，粘土遊び（問33参照）を発展させて，自然に立体を意識するように指導するのがよいでしょう。たとえば，

○まるめる遊びから――ダンゴをつくり，皿の上に積み上げる。ボールをつくり，コロコロ転がして遊ぶ。
○転がす遊びから――大きなボールを横に転がして，細長い棒をつくる。棒を立てて，粘土のボールで倒して遊ぶ。
○くっつける遊びから――丸い棒を4本立てて，平らな粘土や四角い粘土をのせてみる。（テーブル，動物の体）
○粘土の塊りを両手でギューッとにぎって――立ててみる。何にしたらよいか考えてつくってみる。

立っている動物　ぞう

指導のポイント　1．粘土でつくったものは絵ではない。2．粘土板を地面と考えて，地面に立たせるように約束する。3．粘土板の上からではなく，横から見てつくるように注意する。

83

> **問35** 絵ではよく見て描かせますが，粘土では見てつくらせたことがありません。見てつくらせるのには，どんな題材がよいでしょうか。

少ない粘土写生　教科書を見ても，ものをよく見たり触れたり，実感でとらえて粘土で表現する題材は少ないですね。低学年ではほとんどが，見たものを思いだしたり，想像したりしてつくる題材ですが，子どもの写生的な表現活動の世界が，平面のしごとに偏りすぎていることは問題でしょう。低学年でも発達に応じて，ものをよく見て粘土でつくる，写生的な立体表現をさせたいものです。

見てつくる題材　低学年では，動くものより，動かないもの，目で見て形がよくわかり，手で触れて量感や質感が確かめやすいものがよいでしょう。この，目で確かめ手で触れて得られた実感をもとに，量や動きのある塊りであらわすのが，粘土写生のしごとです。

低学年の題材を選ぶ観点として，
1．子どもの遊びや生活に親しみがある
2．手で触れたり，持つことができる
3．塊りとしてあらわしやすい
4．基本形（球・円柱・立方体など）と比べて，違いがわかりやすい

などをあげておきましょう。

やさいとくだもの

たとえば，ジャガイモ，サツマイモ，ニンジンなどの野菜，ミカン，イチジク，カキ，バナナなどの果物，複雑な形でない玩具や持ち物などです。

特徴があってとらえやすいことも条件の一つです。リンゴやナシは基本形との違いが少ないので，また，ピーマンやカボチャは複雑すぎるので，いずれも，どちらかといえば高学年向きの題材です。（問36参照）

その他に，中・高学年での浮き彫りや，立体表現につながる題材として，木の葉，スルメ，手のひらなど，平面に近い題材があります。（中学年，問41参照）

低学年の問題―彫　塑

> **問36**　リンゴなど，果物を見せてつくらせましたが，楽しんでつくった割に良い作品になりませんでした。どのように指導すればよいのでしょうか。

単純に見えて　　果物や野菜など動かないものは，低学年でも対象をしっかり観察してつくらせるのに適した題材です。ところが，人物や動物に比べて形が単純に見えるだけに，かえって概念的に安易につくってしまうおそれがあります。どれだけしっかり対象をとらえさせるか，観察させる手立てが勝負どころです。

題材の選び方　リンゴやナシなど，基本形（球）に近い形のものは，観察の手立てをよほど工夫しないと，概念的にとらえて，粘土をただ丸めただけに終わる場合が多いようです。また，カボチャやピーマンのように形が複雑すぎるものも，低学年には難しいでしょう。

　基本形と比べやすく，形状にやや変化と特徴のあるもの，手に持ったとき適当な量感のあるもの，たとえばミカン，カキ，バナナ，サツマイモ，ジャガイモ，キュウリなどを選んでみてはどうでしょうか。

指導のポイント　いきなりつくらせたのでは，実物を前にして見ていても概念的な表現になってしまいます。つくろうとするものを決めたら，それがおおまかに見てどんな形か，ことばで表現させてみましょう。つぎに，準備しておいた基本形体（ボール，バトン，紙筒，缶，箱など）と，どこが，どのように似ているか，また違っているか，よく比べさせます。また，見るだけでなく手に持って触ってみたり，転がして動きを見て考えさせたりして対象に迫らせることも大切です。たとえば，ボールとリンゴやジャガイモ，リレーのバトンとキュウリやサツマイモなどを比べさせると，低学年の子どもにもよくわかってくるでしょう。

　さて，ゆきとどいた観察が表現にしっかりと結びつくように，実物よりもやや大きめにもとになる形（基本形）をつくらせるのが，第2のポイントです。そして，対象をよく見ながら，粘土をつけたり，削ったりしてつくっていくよう，助言しましょう。

問37 粘土でつくった作品は，壊れやすいので保管に困ります。何か良い方法がないでしょうか。

　粘土の作品は，そのまま乾燥すると，ただ土の固まったものにすぎません。教室に展示していても，ポロポロと壊れてきて気を使います。その上，絵画作品と違って立体ですから，保管するスペースも相当必要ですし，研究会や作品展に持っていくのも大変です。この，壊れやすい，かさばるの2点から，どうすれば良いか考えてみましょう。

粘土を補強する　まず，粘土そのものを，壊れにくいものにすることが考えられます。壁土にはわらが入っていて，強度を増しています。上塗りに使う土には，繊維やのりも使われています。土粘土には，パルプや糊材でつくられた紙粘土を練りこむと，かなりの強さが出てきます。ただ，ちょっと手間がかかるのが難点です。

加工粘土を使う　手間を省くには，加工粘土があります。粘土や陶土に，パルプ・軽石粉・糊材その他を配合してつくられ，乾燥しても壊れにくいので，作品として残せます。いろいろな製品があり，手ざわりなど天然の粘土に近いものがあります。

素焼きにする　土粘土でつくったものを，そのまま作品として扱うには，はにわのように素焼きするのが一番良い方法ではないかと思います。よく乾かして，ゆっくりゆっくり時間をかけて焼けば，中空になっていない塊りのような作品でも，割れないで焼き上げることができます。

写真にとる　保管のスペースがなく保存の難しい作品で，資料として残しておきたいときは，写真にとっておくことです。違った角度から数枚写して，データと共に保管しておけば，鑑賞や研究の資料として役立ちます。

素焼き作品

低学年の問題—デザイン

問38 地面に絵を描いたり，石や貝がらを並べて遊んだことを，もようづくりにどう発展させたらよいでしょうか。

もようの発見　わたしたちのまわりには，立ち木，屋根瓦，障子の格子，水面の動き，樹の木目，蚊取り線香やロールカステラなど，ある規則をもって並んでいるものがあります。それらを線や形に描きとめると，いろいろなもようのもとになります。

また，いろどりの面から探すと，虹，夕焼け雲，紅葉，花，虫などカラフルな配色のものが見つかります。それらは，スケッチしてデザインにまで発展させていく基礎になります。4つ切の$\frac{1}{16}$とか$\frac{1}{32}$という小さい用紙で，まずこのような「しごと」を日常とりいれることが大切です。

遊びから育てる
(1) あやとり遊びで川をつくり，それを線に描くと，それももようのもとになります。
(2) また，ままごと遊びのお皿に紙レースをつくって敷くときれいです。
(3) さまざまなものを縦に並べたり，横に並べたり，つないで輪にしたり，三角にしたり，またそれらを使って目，鼻，口のある顔にするなど，もようのもとになる形，色の並べ方が身につきます。

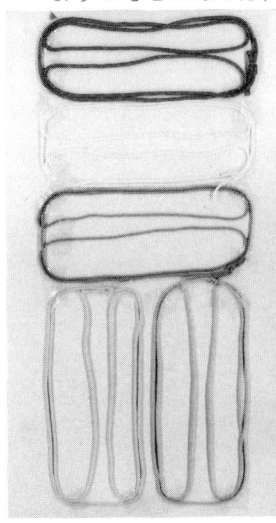

あやとりの川　　　　　　　紙レース

問39 線と点を使って描くもようは，簡単になってしまいます。おもしろく発展させられないものでしょうか。

基本的なものから

低学年のもようづくりは，子どもたちがもようのきまりをむりなく理解し，簡単に描けるものからはじめ，しだいに自分で色，太さ，線の数などを工夫して，つぎつぎに何枚も描きだすようにします。

線や点で描く

横じま，縦じま……紙の端から端へ，ためらわずに引くようにします。絵の具の場合は，絵の具をふくませる量と筆の向きに注意して引きます。2色または3色，数を増すとはなやかになります。余白に点々をうつと，さらに変化が楽しめます。縦じまも同様です。

格子じま……要領は上記と同じですが，絵の具の場合ですと色の交差したところでは混色になり，思いがけない美しさも発見できます。余白に点などの小さなもようを入れてもよいでしょう。

曲線……波線や折れ曲がった線を引くときは，"ぴょんぴょん"とか"くるくる"などといいながら引くのが初歩的にはうまくいきます。

周囲に広がるもようや，その逆のまわりから中心に入っていくもようは，できるだけ同じ間隔になるよう気をつけます。

その他，散らばっているもようなど，限りなくあるので，発展は無限です。

なお，線の練習だけに終わらず，できたもよう紙を包み紙に使ったり，それを折って袋をつくることもできます。

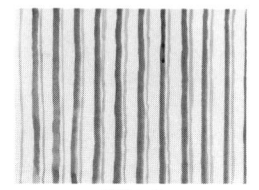

縦じま

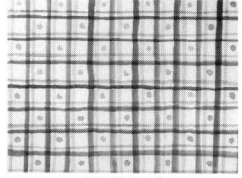

格子じま

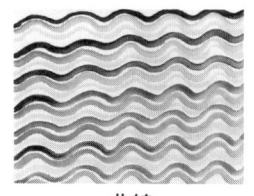

曲線

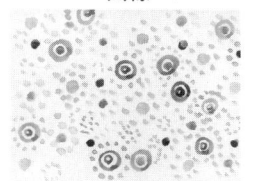

散らばり

低学年の問題―デザイン

問40 興味を示さない子もひきつけるような，もようづくりのきっかけになる手だてはないでしょうか。

縁かざり　たとえば，下図のように折り山のところをはさみで三角形や四角形や三日月などに切り抜いて紙を開くと，レースのような規則的な穴があきます。その穴を生かしてもようや色をつけ加える方法などは，子どもたちに喜ばれます。

切り方がたりないときは，もとどおりに折ってまた切ります。切り抜いた穴にそって絵の具で色をつけます。余白の広いところには小さなもようをつけてもきれいです。和紙を利用すると，にじみができて効果的です。

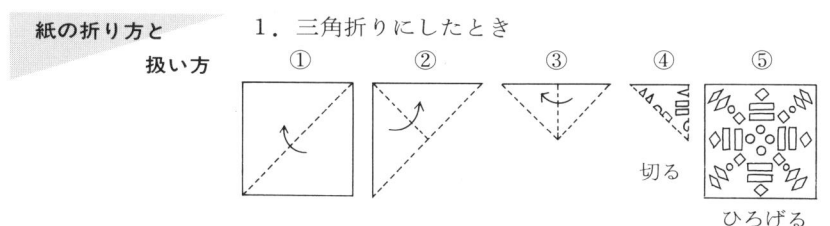

紙の折り方と扱い方

1．三角折りにしたとき

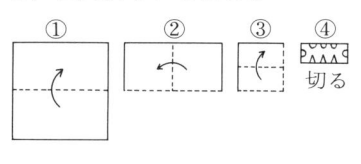

2．四角折りにしたとき

3．切り抜かずに線を利用してもようを描いたり型押しをすることもできます。また，三角折りの④から，縁を弧状に切りとってかさを開いた形にし，もようをつけます。

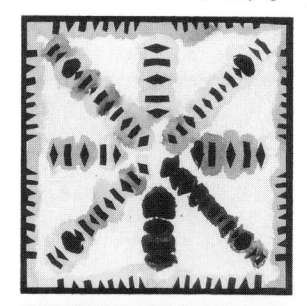

> **問41** 抽象もようの多い昨今ですが，自然を生かしたもようづくりはできないでしょうか。

もようの構成　低学年ですぐできるのは，おけいこ道具を使った"帯状の連続もよう""縦，横の連続もよう""放射状のもよう"などですが，こうしたもようを構成したあと，落ち葉や木や草の実などを並べたりはったりしてもようづくりをすると並べ方に工夫が出てきます。

草花からの発展　また，伝承遊びには，もようづくりの基本になるものが豊富にふくまれています。れんげ，たんぽぽ，しろつめ草，まつ葉，木の葉，草木の実，花びらなどを編んだりつなげたりする遊びからもようづくりへと発展することができます。

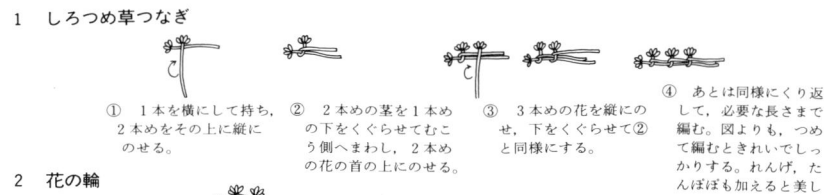

1　しろつめ草つなぎ

① 1本を横にして持ち，2本めをその上に縦にのせる。
② 2本めの茎を1本めの下をくぐらせてむこう側へまわし，2本めの花の首の上にのせる。
③ 3本めの花を縦にのせ，下をくぐらせて②と同様にする。
④ あとは同様にくり返して，必要な長さまで編む。図よりも，つめて編むときれいでしっかりする。れんげ，たんぽぽも加えると美しい。

2　花の輪

1の編みこんだものを輪にする。まるくつなぐには，初めの部分と重なるように何本かを編みこめばよい。

3　れんげつなぎ

① 茎をまつ葉でついて穴をあける。
② 茎の穴に次の花を通してひっぱる。
③ 次々にくり返して長くする。

4　じゅず玉つなぎ

じゅず玉は最初から中心に穴があいているので，その穴に糸を通す。茶色の玉のあいだに白のじゅず玉をまぜてつなぐと美しい。

5　まつ葉つなぎ

① 片方のとがったところでついて穴をあけ，そこへ通す。
② 次のまつ葉は1本めに片足をくぐらせてから穴にさしこむ。次々にくり返して長くつなぐ。

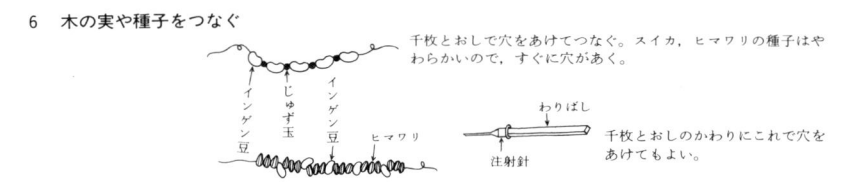

6　木の実や種子をつなぐ

千枚とおしで穴をあけてつなぐ。スイカ，ヒマワリの種子はやわらかいので，すぐに穴があく。

インゲン豆　じゅず玉　インゲン豆　ヒマワリ

わりばし　注射針

千枚とおしのかわりにこれで穴をあけてもよい。

低学年の問題―デザイン

> **問42** 両面カラー紙や色紙を使って簡単にできる組み紙について教えてください。

組み紙の基本　　配色のよい2枚の色紙を選び，下図のように折りめをつけて切ります。まだ，ものさしの使い方の学習もしていないので，半分，またその半分というように折って幅を決めます。最初から折りめをこまかくすると時間を要するので，右図のように8等分，切りこみ7本位が適当です。

横に通すテープは両面カラー紙を使うと通しやすく，また効果的です。

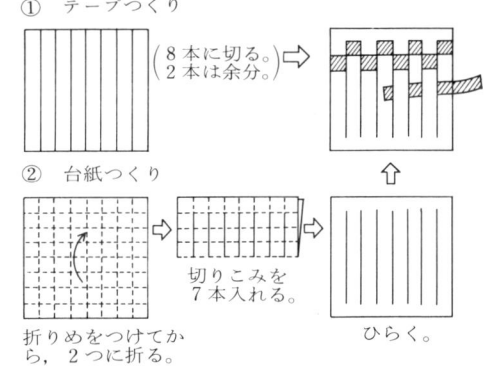

① テープつくり（8本に切る。2本は余分。）

② 台紙つくり　折りめをつけてから，2つに折る。　切りこみを7本入れる。　ひらく。

変化をもたせる　　テープの太さに変化をつけたり色数を増すと，違った感じになります。とばしたり続けたりしてテープを通すと，杉織のような複雑な織り方もできます。

台紙の切り方を下図のようにしてテープを通しても，変化のある面白いもようができます。いろいろ工夫させたいものです。

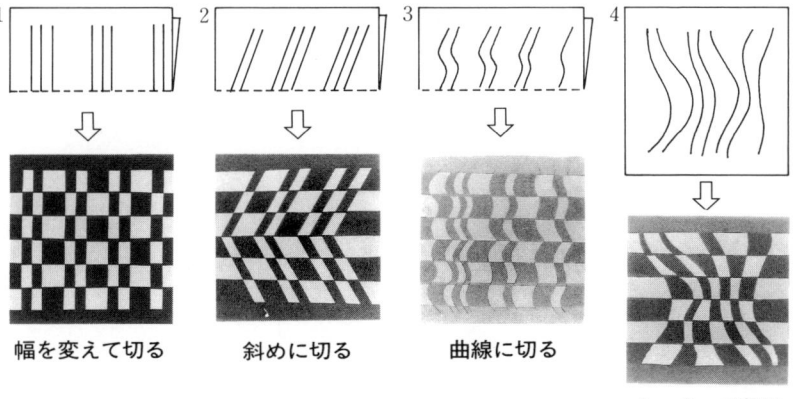

1 幅を変えて切る
2 斜めに切る
3 曲線に切る
4 カッターで切る

問43 ポスター（例，学習発表会）をつくらせましたが，人まねをする子が多くて困りました。それぞれが工夫するよい手だてをおきかせください。

いくつかの例

ポスターは，伝えるという働きがありますが，さらに楽しんでもらえるようにつくりたいものです。

例1．たとえば，担任が印刷しておいた学習発表会のプログラムに，子どもたちから家族への招待のことばとカットをかかせます。例文「わたしは，3ばんの大きなかぶのげきにでます。おばあさんのやくになって，かぶをひっぱります。見にきてくださいね。○○子」

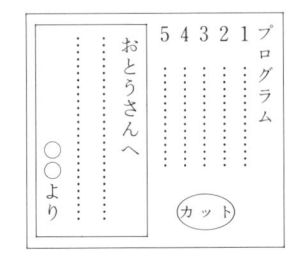

例2．B5（16切）の色画用紙を二つ折りにして，中に簡単な動物，木，人，花などを描いた紙をはさんでのりづけし，開けば立体的に起き上がるようにするのも工夫の一つです。

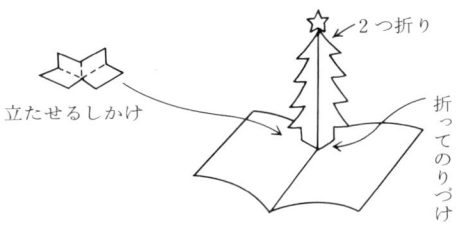

例3．折り紙（動物や鳥）を折って，それらがポスターをはこんでくれるような図柄にすると，立体的な感じになります。

例4　自分の似顔絵を描いて，父母に話しかけているようにします。

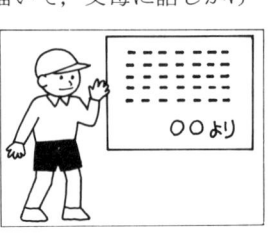

低学年の問題―工　作

> **問44**　画用紙や色紙を使って紙工作をさせると，はさみをうまく使えない子がいます。どう指導すればよいでしょうか。

はさみをうまく使えないと
1．紙の切り口がむしれたようになる。
2．紙が刃の間にはさまりうまく切れない。
3．切った線がギザギザになって，きれいでない。（戻し切り）
4．切り込みすぎたり，必要なところを切り落としてしまう。
5．切り線のとおり正しく切れないで，形がゆがんでしまう。
6．重ね切りをすると，ずれてしまってきちんと切れない。

といったような，さまざまな失敗のもとになります。

よいはさみを　1．と2．は，主としてはさみの問題です。よく切れる，子どもが使いやすいよいはさみを選んで使わせましょう。
よいはさみの条件は，ア．子どもの手に合った大きさ，重さ，イ．しっくりと持ちやすく，動かしやすい形や構造（にぎりの輪），ウ．刃がガタつかず，開閉が大きくスムーズにできる支点の留め，エ．紙を手で持たず，置いたままで刃滑りなく切れる刃，オ．刃裏も含めて，全体がていねいに仕上げられている，などです。

基本をしっかりと　はさみの扱い方と使い方の基本，子どもの発達に即した技法の指導ができていないことが，2．3．4．の原因です。一般に，子どもがはさみを使い始めるのは2～3歳からで，この時期に，はさみの持ち方，扱い方をしっかりと身につけさせることが大切です。次に，切る技法については，切り落とし，直線曲線の切りすすめ，切りとめ（切りこみ）が，はさみ使いの基本です。これらをもとにして，いろいろな技法の指導をすすめるようにします。（問45参照）

見とおしと工夫を　はさみがうまく使えるようになっても，5．6．などの失敗がおこります。どこから作業を始めるとよいか考え，複雑な形の切り抜きはさきにあら切りしておいたり，重ね切りするときは，ホッチキスで仮どめしておくなど，作業全体の見とおしを立てて工夫するように，指導するとよいでしょう。

> **問45** はさみの扱いについて，持ち方や使い方などの具体的な指導方法を教えてください。

はさみの持ち方

よいはさみの条件は，問44にあげましたが，低学年では全長が13〜15cmぐらいのものが適当です。にぎりの輪に指を正しく入れて（図1），体の正面，中心で，はさみが紙に垂直になるようにかまえます（図2）。脇をあけないで余りかたくならずに持つのがポイントです。

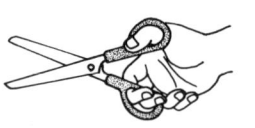

図1

はさみ使いの基本

紙を切るときは，1．はさみをできるだけ大きく開いて，2．なるべく，つけねの近くの方で，3．切るところをしっかりと見ながら切ることを，ていねいに教えましょう。（図3）

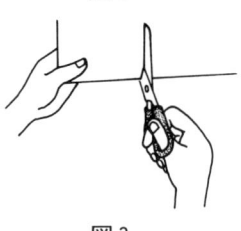

図2

はさみ使いの発達

子どものはさみ使いの発達は，ほぼ，つぎのとおりです。適切な指導ができていれば，低学年でもかなり上手に切れるようになっているのですが，そうでない場合は，初歩から，もう一度ていねいに指導しなおしましょう。

図3

1. 2〜3歳　　切り落としができる。（はさみを大きく開いて，紙テープを切り落とす。）
2. 3〜4歳　　切りすすめ（つづけ切り）や，切りとめ（切りこみ）ができる。（直線は，紙を動かさずにはさみをすすめ，曲線は，はさみをすすめずに紙を動かして切る。刃の先の方で切ったり，戻し切りをしないように注意する。）
3. 4〜5歳　　円の切り抜き，うずまき，波形，ジグザグ，重ね切り，穴あけなどができる。
4. 5〜6歳　　作業の順序を考えたり，必要に応じてあら切りをして，かなり複雑な形でも，正確に切ることができる。

低学年の問題―工作

問46 紙工作で，動くおもちゃをつくらせましたが，紙の折り目が不正確になったり，着彩やのりづけがうまくいかず困りました。紙工作の指導や作業のポイントをお示しください。

手だてが大切　子どもの遊びやおもちゃは，子どもの文化です。子どもの文化は，できるだけ，子どもたち自身の手でつくらせ，育てさせたいものです。低学年での動くおもちゃの紙工作は，子どもたちにも喜ばれる良い教材なのですが，たんなる表現活動ではないので，形だけできればそれでよい，というわけにはいきません。きちんとした手だてを踏んでつくらせないと，うまく動かなかったり，すぐ壊れてしまったりして，子どもの意欲をそいでしまいます。

つくる喜びを遊ぶ喜びに，また，うまく動けば，なぜそのように動くのかという探究と発見から，創造の喜びに発展させていくように，きちんとした手だてを指導したいものです。

作業のポイント
1. 作業の順序は，アイデア→作図→彩色→折り目つけ→切り→折りと組み立て→のりづけ→乾燥→遊び，が標準の流れです。
2. 彩色は，水性のカラーペン，マーカー，色鉛筆，クレヨンが最適。水に浮かべて遊ぶおもちゃには，水をはじく性質のあるクレヨンを使わせましょう。のりしろには色をぬらないよう，特に注意が必要です。
3. 折り線は，線に沿って定規をあて，先のとがったものでしっかりなぞらせておきます。（書けなくなったボールペンが最適です。）
4. 切るときは，まず全体をあら切りしておいてから，ていねいに切りとるように，指導します。
5. のりは，のりしろ全体に薄くのばしてしっかりとつけさせましょう。紙質に合った良いのりを使わせたいものです。
6. 組み立てが終わったら，のりをよく乾かし，形を整えてからいろいろ遊びを工夫させるようにします。

> **問47** 低学年では工作の材料が紙にかたよりがちです。もっといろんな素材を経験させたいのですが，どんなものがよいでしょうか。

教科書では 文部省の指導書を見ますと，低学年の材料は「紙など身近な扱いやすいもの」となっています。身近な扱いやすいものとは「たとえば，空き箱，空きびん，布，ひも，その他」として，ダンボール箱，小石，木の実，葉，貝がらなどが，何の脈略もなくあげられています。そこで教科書には，たとえば，「あきかんやあきばこなど，いろいろなざいりょうで，いろいろなものを思いうかべてつくりましょう」といったテーマの作品例が載せられることになります。

しかし，あまりにもいきあたりばったりで，思いつき工作的です。

ねらいをもって そこには，その素材を選ぶ必然性や，子どもの何をどう育てるかの観点がはっきり示されていないばかりではなく，指導の手だてもいいかげんです。このような，出たとこまかせの材料選びでは困ります。子どもの生活とのかかわりや，素材としての多様性，造形性などから，紙が主になるのは当然として，その他の材料選びにも，子どもの遊びや学習など，生活とのかかわり，素材としてのさまざまな可能性，用具との関連など，いくつかのポイントから検討を加え，はっきりとしたねらいをもってあたりたいものです。

こんな素材を 1．はさみ，小刀，のこぎりなど，用具の使用と習熟を段階的に保障するもの——紙，ダンボール，木，竹

2．地域社会の生活や産業とかかわりのあるもの——わら，木の枝など

3．造形のねらいや課題と関連して——割り箸，竹串による立体つくり

4．イメージを引き出し，広げる素材，半素材——石，木の枝，葉，実，紙コップ，紙皿など

5．遊びや使用の目的を決めて

　　ア．水に浮かべて遊ぶ——木片，牛乳パック，空きびん

　　イ．音をつくって楽しむ——空き箱，缶，紙筒，竹，糸

　　ウ．空に揚げたり，飛ばす——紙，竹ひご，ポリ袋，たこ糸

低学年の問題―工　作

問48　共同で大きなこいのぼりをつくりましたが、風がふくと破れたり裂けたりして困りました。どうすれば丈夫にできるでしょうか。

　　布でつくる　　　実物のこいのぼりのように、布でつくると丈夫です。布は少し古くなったシーツなどが適当です。縦長に半分に折って、背側をハンドホッチキスでとめていきます。

　こいのぼりの形は簡単です。円筒形のままで、別布でつくった背びれをつけ、尾を切りこむか、背側に少しカーブをつけて余り布は内側に折りこんでまとめます。（図1、2）

　　紙でつくる　　　紙でつくるときは、全紙大の模造紙に薄くといたのりをはけで全面につけ、その大きさにあわせて古新聞紙を貼ります。乾いたら縦に半分に折ってこいのぼりの形に切り、布の場合と同じように背側をホッチキスでとめて筒形にします。紙を2枚貼りあわせただけですが、乾けば軽くて丈夫です。

　　もよう、口金、　　マジックやパスでうろこを描きます。布の場合はうろ
　　ひものつけ方　　こを型押し染めでするのも楽しいものです。色紙でつくったうろこを貼りつける場合は、風でとれないように特にしっかりのりをつけます。

　口の部分は内側に折り返してつりひもをつけます。折り返すとき、口の部分に針金をまきこんでおくとたいへん丈夫です。

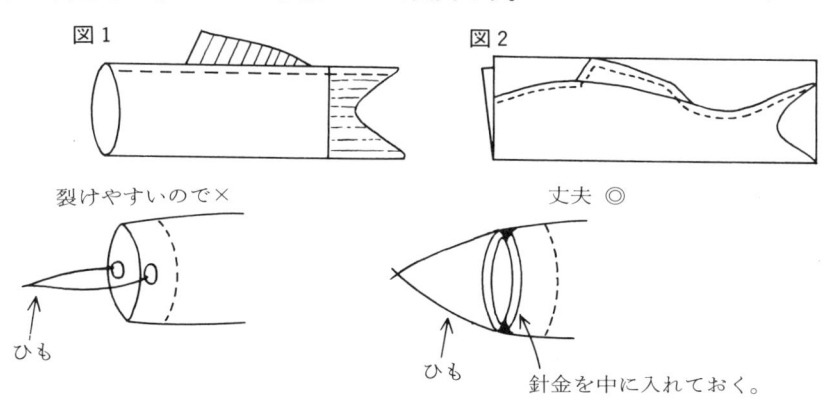

図1　　　　　　　　　　　　　　図2

裂けやすいので×　　　　　　　　丈夫　◎

↑　　　　　　　　　　　　　↑　　　　　　　↑
ひも　　　　　　　　　　　　ひも　　　　針金を中に入れておく。

中学年の問題

- 絵　　画 ……… P. 100
- 版　　画 ……… P. 131
- 彫　　塑 ……… P. 137
- デザイン ……… P. 143
- 工　　作 ……… P. 148

> **問１** 友だちの顔を描かせると概念的な絵になってしまうのですが，どのように指導すればよいか教えてください。

正面向きの顔

下の絵は，どちらも，３年生の当初，指導をくわえないで描いた絵です。右の絵が概念的であるのに対して，左の絵は比較的リアルです。しかし，どちらも一応は顔らしく見えるため，指導があいまいにされてしまいがちです。

友だちふたりの顔を比べてみましょう。目だけ見ても，大きさ，形，目尻，間隔，まぶたなどそれぞれに違っているのですから，他の部分についても，そうした違いを描いていくことが大事です。

指導の手順

１．友だちの顔を見て，各部分の位置を決める。

画面の中心から，左右上下に分ける縦と横の中央線を薄く引き，目，鼻，口のおおよその位置をとります。このとき，目は横線上に，鼻と口は縦線上にくるように気をつけます。

２．描きはじめは目。

目は，ほぼ顔全体を上下に二等分する線上にあります。縦の中央線を基準に両眼の間隔をあけ，左右の目の位置を決めます。次に上でのべたような違いに注意しながら，上まぶたから下まぶたへと，ゆっくり形をおいます。鼻は，穴から小鼻へ，口は中央の分かれめから左右へ，他も同様にていねいに描きましょう。

正面向きの顔　①　　　　正面向きの顔　②

中学年の問題―絵　画

問2　横向きの顔についてはどうでしょうか。

描けない子の特徴　下の絵は，問1と同じ子の作品です。正面向きの顔はそれらしく描けても，横向きの顔となると，大きな差が見られます。指導ぬきには，描く力が育たないことを示しています。

横顔の描けない子の絵の特徴は，右の絵のように，顔の真下に首がきます。そして，耳を頭の後ろに描きます。ということは，指導のポイントもそこにあります。

指導の手順　1．横顔の特徴を見て，話しあう。

横顔の特徴は，首Ⓒがあごの下でなく，後頭部Ⓑの下にくること，耳の上のつけ根が全体のほぼ中央に位置し，それを中心にⒶとⒷの形が大きく違うことなどを話しあって確かめます。ふくらみ具合，大きさも同様です。

2．描く順序。

耳を通る垂線で前部と後部に分け，前部から描きます。頭の頂点から髪，ひたい，目，鼻，口，あごとすすめます。ひたいの大きさ，目や鼻の見え方，唇のつき方，あごの出具合，ほおのふくらみを一つ一つ確かめながら描きます。後部は耳から前部の距離と対比させながらその大きさを決めて，描いていきます。

横向きの顔　①　　**横向きの顔　②**

> 問③ 人物を描くと，ロボットや人形のようになり困っています。何か
> よい手だてはないでしょうか。

ロボットや人形になるのは　そうした表現を図式的な表現というのです。子どもたちの造形表現の能力について，その発達段階を調べた研究によると，図式的表現は幼児期から，小学校1，2年生までつづくといわれています。ただし，これは一応のめやすにすぎません。そうした表現から脱皮するための指導がないと，高学年になっても，お人形のような人物を描くということになりかねません。

　ロボットや人形のような人物になるのは，その人物がどんな状態なのかが具体的でないことにもよります。たとえば，「寒い寒い日，友だちはどんなようすをしているだろう」と問いかけてみると，友だちの状態を，具体的なイメージとして浮かべることができるでしょう。

　首をすくめ，からだからの熱が逃げないように，小さくちぢこまる形そのものに，寒い日の友だちの状態があらわれています。

　中学年あたりでは，上記のように，心の思いが形態として見えやすい題材をとりあげましょう。

寒い日の友だちのようす　まず全身のかっこうを見つめ，全体のからだのくねり，頭の位置，かたむき，背のまがり具合などに注意して描きます。一気に描くのでなく，頭から肩，背，尻，足へと上から下へ，順にその形をつくっているものをていねいに描きすすめます。

　「片手でバケツを運ぶ友だち」（正面向き），「何冊もの本を両手でかかえて運ぶ友だち」（横向き）なども同様の題材です。

寒い日の友だちのようす

中学年の問題―絵　画

> 問④　人間の表情をあらわすとなると，難しいように思うのですが，どうすればよいのでしょうか。

表情が外にあらわれた題材を　表情は喜怒哀楽のあらわれですが，中学年では，表情が外にあらわれている題材，たとえば「笛を吹く友だち」「誕生ケーキのろうそくを吹き消すぼく」「リンゴをかじる友だち」などをとりあげましょう。

指　導　「笛を吹く友だち」を例にしていいますと，合奏で，どの子も笛を吹くという共通の体験をもっています。

そこでまず2人組になって二重奏をし，2人の音が響きあい，音がけんかしない状態，つまり息をあわせて吹いているときの表情を観察します。互いの音色を響きあわせるために工夫した吹き方や息の出し方，そのときのようす（目をつぶって耳をすませていたとか，指先に力がはいっていたとか）を話しあい，顔の表情と，笛を支える手指のようすにしぼって描きましょう。

描　く　上半身像になりますが，顔の表情が中心ですから，顔の大きさと，からだの部分とが半々ぐらいの割合に画面を構成します。笛の長さをもとに顔の大きさを決め，かたむきと目の位置がどこにくるかを決めます。うつむきですと，髪の毛のしめる割合が多くなることに注意しましょう。

笛を支える手ですが，子どもたちは概して手を小さく描きがちです。顔の大きさを基準に手の大きさをくらべ，描きます。指の長さも，手の甲を基準に決めましょう。

目と口，指のまがりや指先，爪の見え方などをよく見て仕上げます。

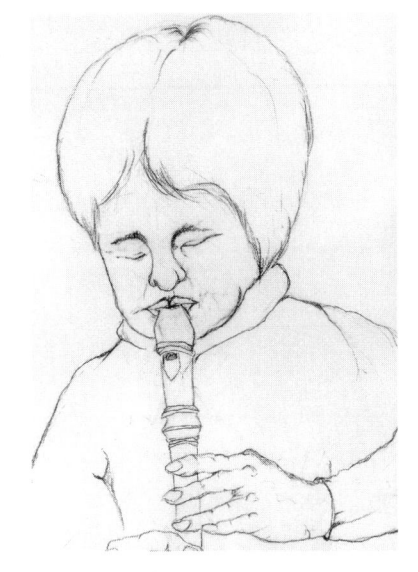

笛を吹く友だち

> **問⑤** 中学年の子どもたちに適した基礎的指導の題材には，どんなものがありますか。

　基礎的指導といっても，空間や構図の指導もあれば，形や色の指導に限定しても，その要素は多くあります。ここでは形と色の指導に比較的よくとりあげられる静物の題材をとりあげてみます。

形の指導　低学年の形の指導が平面的なもの（カレイ，スルメなど）とすれば，中学年は立体的なものを描くための移行期です。したがって，たとえば「椅子」などでは複雑すぎます。

　それで移行期には，直線，曲線の単純な組み合わせで描けるもの，たとえば「かなづち」「フライパン」「雨靴」「学校ではく上靴」などをとりあげます。

　描き方は，「かなづち」でいえば，槌の長さと柄の長さの割合を見て，画用紙の対角線上にしるしをつけ，柄のまん中を，対角線上に位置させます。そして，槌の部分の曲線，柄のもとの円の形などに注意をはらって描きます。

色の指導　低学年の色の指導の中心が三原色

かなづち

で描くのに対して，中学年では，使用する色数を増す方向での混色指導（かぼちゃ，ホウレンソウなど），色の濃淡の指導（紙風船や葉など），しだいに色が変化する階調の指導（ねぎ，ワケギ，青首大根など）を考えて，題材を選びましょう。

　右図のねぎは，白から黄緑，濃い緑への色の変化を描くことを指導のめあてとしたものです。

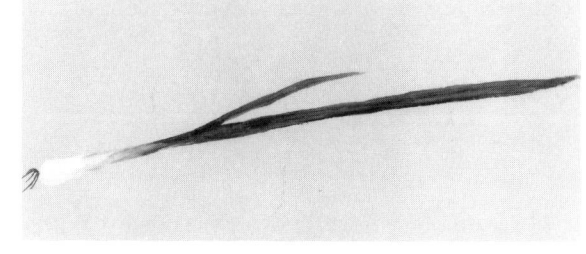

ねぎ

中学年の問題―絵　画

> **問⑥** ヒマワリを描かせたいと思います。どんなことに注意して指導すればよいでしょうか。

花びらの向きとつき方を　ヒマワリも，角度によって大変難しくなります。子どもたちにとって，斜め左右の方向の線や形を描くことは難しく，ヒマワリを描くと，図1のようになりがちなので，低学年ではよく画用紙をまわしながら描いたりします。

それで中学年では，中心の軸から放射状にひろがる花びらの向きとつき方を描く程度を課題にします。

指導の順序　画面上に，ヒマワリの花の位置と大きさを決めます。

花が中心ですから，茎の根もとまで描かなくてもかまいません。花の大きさを画面上部 $\frac{1}{3} \sim \frac{1}{4}$ 大にとりましょう。

つぎに花の中心部（管状花）の円を描きます。そこから，8～16方位の基準線を引き，花びら（舌状花）を実物とを照らしあわせて描いていきます。

注意するのは，花びらの向きとつき方です。花の中心部の円に，どのようについているのかをよく見ましょう。

つぎに茎から葉のつき方へとすすむのですが，葉のつき方にも対生と互生があり（図2），見え方も異なります。

ちなみにコスモスも同じような展開の題材として，よくとりあげられます。

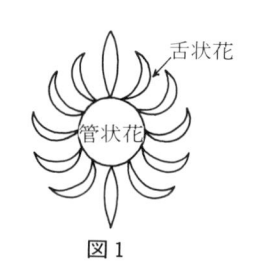

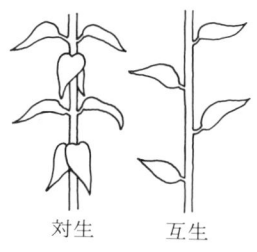

図1（舌状花，管状花）

図2（対生，互生）

ヒマワリ

問7 ブリキのバケツを描かせたところ，底を平たく描く子がたくさんいました。そのわけと**指導の方法**をきかせてください。

平たく描くわけ

知的リアリズムといわれる段階の子どもたちは，開口部はまるくあいていて，底部は床の上に置けるように水平になっているという"知識"で描くから，底を平たく描くのです。開口部もまるく描きますが，開いているという"知識"で描いているのであって，けっして"見えたように"は描いていません。そうした点で指導のポイントがはっきりしている題材です。

1．基本形は円筒であること。
2．見る位置で形や光が変化してみえること。

などをおさえていきます。

基準線

指導の実際

バケツを伏せて描くと開口部のまるを，平たく描く子どもがいるはずです。この矛盾を解決していくみちすじが指導なのです。

A．上部……真上から見た形（円）から，バケツを目の高さへとあげていきながら，円の見え方の変化をたどり，視座から見える形（楕円形）を描きます。

B．底部……床面に基準線（ただし，間隔は手前が広くなる）を3～4本引き，底部の曲線と床面の関係をとらえて描きます。

見る位置で形が変わって見えますから，床面にバケツを置いたら，自分の椅子に画用紙を置いた位置で描くなどバケツと自分の位置関係を工夫しなければなりません。

伏せたブリキのバケツ

中学年の問題―絵　画

> **問8** 季節の野菜を描かせたいのですが，どんなものを，どのようにとりあげればよいのでしょうか。

　たとえばかぼちゃは，形が変化に富んで，どっしりとした重量感があります。中学年の子どもたちにかぼちゃを見せると，形のおもしろさに興味をもち，さわったり，においをかいだりします。形そのものがそう複雑でないので，中学年で扱える題材です。

かぼちゃを描く　　かぼちゃを描くと，ほとんどの子は図1のようになります。一番手前のふくらみの底に横のふくらみの底をくっつけてしまうのです。そこでふくらみを一つずつ切り離し，再構成します。

　はじめに描いたかぼちゃを，ふくらみごとに切り離し，実物と比べながら，重ねなおしてみます。すると，机の上に置かれた安定感がでてくることに気づきます。

　そこで再びかぼちゃを描きます。

　切り離し，再構成したかぼちゃ（図2）の底部に基準線を引き，底の位置を実物と比べて確かめたあと，新しくふくらみを一つずつ描いていきます。

　右の絵は，緑と黒の混色で彩色しています。

　かぼちゃの表面は，厚い肉でおおわれ，ざらざらした肌ざわりをしています。筆のタッチ，絵の具の溶き具合などを考え，どっしりした重量感をあらわすように彩色します。

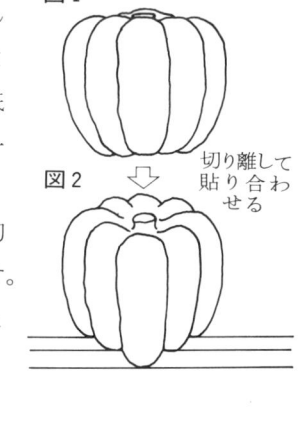

図1

図2　　切り離して貼り合わせる

かぼちゃ

> **問⑨** 太筆に絵の具をふくませてベタベタにぬったり，逆に少量の絵の具でこするようにぬる子がいます。どうしたらよいでしょうか。

毛なみの違いを描く　　原因は，描くものの質と筆（用具），用法（筆使い）がバラバラになっていることによります。それをただすのに適した題材の一つは，動物の毛なみの違いを描かせることです。

　ウサギの毛は，やわらかくふさふさしています。1本1本の毛は細いのですが，全体としてふっくらとした感じです。太めの筆（8〜10号）に，絵の具の量，水の量を少々多めにふくませ，やわらかいタッチでぬると，ふっくらした感じがでます。

　ニワトリの場合は，1本1本の羽毛に弾力があり，やや固い感じです。細めの筆（4〜6号）の先に，絵の具，水を少なめにとり，羽毛の流れにそってぬります。

　その際，子どもたち自身が，対象を見たり，さわったりした感じを，筆とタッチのイメージにおきかえて探ることが大事です。

画用紙をかえる　　画用紙の質をかえることも有効です。白いウサギや白いニワトリを白画用紙に描くことは難しくても，黄ボール紙や色画用紙を使えば，たやすく描けます。

　またそれらの紙は，吸湿性が強かったり，地の色が見えるために，うすぬりしかしない子たちは，色が吸いとられてしまうので濃くしなければならなくなります。こうした材料用具に，表現上の抵抗をつくってやるのも，絵の具の量やタッチの関係を知らせる手だてです。

ウサギ　　　　　　　ニワトリ

問10　色の濃い薄いを学習するのに，よい題材はないでしょうか。

　絵の具と水の関係をつかませることは難しいことです。しかしそれは水彩用具の扱いで，たいへん大事な基礎です。もようづくり，もよう遊び的にするのでなく，何かを彩色することで，学習させるべきです。

　たとえば「若葉と古い葉」とか「ふくらんだ風船」などをとりあげるのが適当です。

紙風船を描く　　たとえば紙風船は吹き口から放射状にでている赤，緑，黄，白の4色8枚の小紙片で構成されています。紙質がごく薄く，半透明ですから，透けたように見えます。その質感を絵の具の濃淡であらわすのです。

指導の要点　　描く紙は，風船の大きさにあわせた正方形の白画用紙を用意します。

　構図としては，上下，左右の空白をやや広くとると安定します。

　位置と向きについては，どこに吹き口を置くかによって，感じもかわってきます。吹き口から八方にのびる放射状の流れは，ボールのような，なめらかな線の流れとは違って，微妙にまがっているので，鉛筆をやわらかく持ち，ゆっくり，ていねいに動かして，その感じをあらわさなければなりません。

　そして着彩では，透明感は白を混ぜるのでなく，白画用紙の地を生かし，単色の濃淡であらわすものですから，薄めにつけ，濃い部分を重色するようにします。

紙風船

> **問11** 絵の中にでてくる空をいつも青くしかぬらない子が多いのですが、空のあらわし方で適当な指導方法はないでしょうか。

　子どもたちは，空は青いという概念が強く，青くぬるしか方法をもたないのです。そこで一度，空そのものを描いてみる必要があります。

　四季や天候，時刻によって，空の色はさまざまであることを教えましょう。たとえば「つゆ空」は変化がはっきりしていて，空の広がりや奥行きをとりあげるのに適しています。明暗の対比もはっきりしています。

つゆ空を描く

　　1．空のようすを文で綴る。

　　ひろい，大きい，くらい，不気味など，つゆ空を見て思ったり，感じたことを文に書き，どんなようす（手前とむこうの雲の大きさや色，重なりと厚み，明暗，動きなど）から，そう感じるのかを確かめます。

　2．筆使いと明暗の対比で描く。

　透視板（高学年，問4参照）を使って，近景を下に描き，空を$\frac{2}{3}$以上にとります。明暗に注意しながら，雲の上に雲をぬり重ねていきます。筆はゆっくり，用紙からはなさず動かします。空の色は，白黒だけでなく多様ですから，混色でつくり，遠近のコントラストを強調して彩色します。

つゆ空

> 問12　木や花を題材にしたとき，絵のバックはどのように処理すればよいでしょうか。

　自然の中にある木や花を描く場合と，室内で花瓶などにいれて描く場合とでは背景のもつ意味はかわりますが，いずれの場合も背景はつけたしでなく，描くものと一体となって絵を構成するものと考え，はじめから考えにいれておくことが大切です。

屋外で
　屋外に出て，木や花を描くとき，たんに木や花を描くというより，背景に何を組み合わせるかを予定して，たとえば"木のむこうに見える赤レンガの家が美しい"とか"へいぎわに咲く花のかれんな感じ"など，何を表現しようとするかがまず大事です。そうすると，はじめから背景も組み入れることができます。

　さらに地平線を低く置くと，のどかな印象になり，中央よりも上に引くと，個々のものの関係が強まることなども知らせて，季節感や雰囲気などもふくめて描きます。自分で題をつけてみるとよいでしょう。

室内で
　教室内で描くときには描くものをどこに置いたらよいかがまず問題です。グループの中央に置けば，バックをどうしていいか困ります。

　黒板，棚，窓や壁際などに置いて，バックが複雑にならないように配慮しましょう。教室のコーナーなどを生かすのもよい方法です。またこうした時間がとれないときは，色画用紙を使うことで，バックの処理をはぶいてやることもあります。

立ち木と屋根

問13 中学年で遠近の学習は教える必要があるのでしょうか。また教えるとすれば，どんな指導の方法がありますか。

手前の木
むこうの木

たとえば，リンゴを2つ前後に並べて重なりを描いたり，手前のものとむこうのものを描いて，広がりを教えたりすることは大事です。具体的なものを見て，感覚的にそうした関係をとらえるように指導しましょう。

一例をあげると，神社などに行って，2～3本の木をとりあげ，手前の木とむこうの木を描きます。

まず，いちばん手前の木の根もとに線を入れ，手前の木を描きます。つぎに，むこうの木の根もとが，手前の木の根もとと比べて，どのような位置に見えるかを調べ，根もとの位置を決めます。他の木も同様にして決め，描きます。

さらに，木だけを描いたところで，子どもたちに，地面や空間が広がって見えるかどうか確かめさせます。すると，木の配置や根もとの位置関係によって，広く見えたり，せまく見えたりすることに気がつくはずです。

遊んでいる子どもたちを，その中に描きこんでみると，さらに広がりがわかるでしょう。

落ち葉ひろい

中学年の問題―絵　画

問14　教室の外に出て絵を描くとき，全体に目がとどかないために遊ぶ子がでてきて困ります。どうすればよいのでしょうか。

遊ぶ原因は？　外に出るまでの準備と指示はどうだったかが問題です。「描きたいと思ったところ，好きなところを描いてごらん」式では困ります。

＜原因＞

1．描きたいところがないとき，興味がわかないときは，しかたなく描きはじめても，すぐあきて場所を次々と変えます。

2．何をどう描くかはっきりしていないときは，自分の意図がないので，友だち同士かたまって，しゃべりながら描きます。

3．描くものが子どもまかせになっているときは，描きはじめた対象が手におえなくなって，なげやりになります。

4．画用紙の大きさと描く時間が適当でないときは，集中力が持続せず，中途半端になってきます。

原因にはこれらのことが考えられ，それが相互にからみあうのです。

描きたい内容を決め，どう描くか充分考えさせ，それに見あった用紙と時間を与えることは校庭に出るまでの教師の役割です。

校内小風景を描くとき　たとえば風景でも，中心に配置するもの（花壇とか焼却炉，手洗場等）を決め，そのむこうに何をいれるかで，中景，遠景を決めます。「花壇のむこうに見える建物」とか，「手洗い場と通路」とか，題をつけると，描こうとする内容もはっきりしてくるでしょう。

焼却炉のある風景

> **問15** 物語を絵にするとき,「どう描いていいかわからない」という子がいます。どう指導すればよいのでしょうか。

描かない子
描けない子 　確かに,物語を聞いているときは,お話の世界にひきこまれて,よく聞いていたのに,いざ描くとなると,「どう描いていいかわからない」という子がいます。「そんなはずはない。お話をいいかげんに聞いていたのではないか」とついいいたくなるのですが,お話を聞いていたかどうかは,聞いているようすを見ればわかることです。

　描かない,描けないという原因の一つは,構想がまとまらないからです。物語を聞いたときの子どものイメージは,千変万化し,流動的なのです。ですから,授業においては,「さあ描きましょう」式にすすめるのでなく,お話をもとに,いろいろな角度から話しあい,一人ひとりのイメージ,構想をはっきりしたものにしていってやらねばなりません。

指導のプロセス 　そこで一般的指導の過程をのべておきます。ただし,これはめやすなので,実際は物語によって変わります。

1．主題を話しあう。
　登場人物の心情,場面,状況,さらに背景,季節などを話しあい,描きあらわす主題について話しあいます。
2．各自で描く。
　各自思い思いにイメージしたことを描いてみます。
3．各自で描いたものをもとに皆で話しあう。
　主題にみあった造形課題は何か,またそれが各自のなかにどう描かれているか,良い点,たりない点などを相互に指摘しあいます。
4．モデル人形づくり,パノラマづくり。
　場面のようすや人物の動きなどを探り,構図を考える手助けとします。
5．構図,構成を考える。
　1～4までをもとに,再度,各自の構想を練るのです。
6．部分を描き,描写の補強をする。
7．まとめて仕上げる。

中学年の問題―絵　画

> 問⑯　教科書によく「主人公の気持ちになって」と書いてあるのですが、実際にどのようにすればよいのでしょうか。

　物語絵のしごとは、すぐれた民話や文学作品に表現された世界（人間像）を絵画という表現のありかたを通じてわからせていくことです。ですから、物語の主題を明らかにしながら、その内面にせまらなくては、主人公の気持ちになって描いたとはいえません。したがって、指導にあたっては、まず主題について、ゆっくり話しあう必要があります。そして主題をあらわす場面を試行錯誤させねばなりません。

具体例のなかで　物語『八郎』（斉藤隆介・作）の例でいえば、自分の手を八郎の手に見たて、その手のひらに、粘土でつくった童子（1～3 cm）をのせ、目の高さにもちあげ語りかける構図を考え、その関係のなかで描くのも一つの方法です。

　荒れ狂う波から童子を守り、童子の訴えに涙する八郎のたくましくも、やさしい心情を、童子をのせた手の形と位置に探っていきます。砂浜にいる童子を自分の手にのせ、その話を聞こうとするしぐさを通して、主人公の気持ちの内面にせまるのです。

　さらに、背景となる荒れた海、空をおおう黒雲の配置、構成、色調を探り、表現していきます。

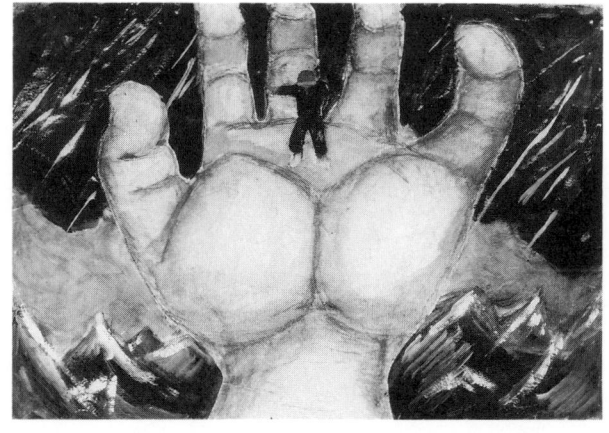

八　郎

> **問17** 物語絵を指導するのははじめてです。中学年でとりあげたらよい物語にはどんなものがありますか。

題材を選ぶ視点
・人間らしさや真実のあるすぐれた作品であるもの
・主題がはっきりしていて，すじが比較的単純なもの
・視覚的で，形，色，空間のはっきりしたイメージがもてるもの
・子どもの造形能力をのばす課題をふくんだもの

をめやすとして，子どもの実態を考えて選びます。

題材例

1．郷土や地域に伝わる民話には，たとえば『かもとりごんべえ』『天満のとらやん』などのように，主人公がこっけいで，おおらかで，野放図なまでの明るさ，たくましさをもち，その風刺の中に人間のもつ願いを語るものがあります。

要素としては，天地空間の広がりがあり，主人公が空を飛び回る姿などにおもしろさがあります。

2．また人間の生き方が示されたお話であることが大事です。

『八郎』（斉藤隆介・作），『オッペルと象』（宮沢賢治・作）などは，"童子の泣く姿，民衆の願いに身を投げだす八郎""仲間の象を救うために，権力者に立ちむかう象の群れ"と主題がはっきりしています。

そして造形的な面でも，"荒れ狂う波，童子を守る八郎""怒る象の群れ"など，あらわしやすい情景があります。

3．疎外された者，心の通じあえない世界の悲しさが描かれたお話などもとりあげたいものの一つです。

それにはたとえば『ごんぎつね』（新美南吉・作），『島ひきおに』（山下明生・作）などがあります。

これらは読みこむほどに，胸に悲しみのしみてくるお話です。疎外されたものの悲しさ，心の通じあえない悲しさを通して，人間のありかたを考えさせられるお話です。

この他いろいろあると思いますが，上記のようなことを視点にして物語を選びます。

中学年の問題―絵　画

> 問⑱　教科書に「場面のようすがよくわかるように工夫して描こう」とありますが，具体的にはどのようにするのでしょうか。

　"場面のようすがよくわかるように描く"というと，子どもたちは，どこに誰がいて，何があってと説明的な絵を描くものです。
　大事なのは，主題（描きあらわしたい内容）を，どんな場面で，どう構成するかということです。

『オッペルと象』の場面づくり　『オッペルと象』を例にすると，場面づくりで考える要点は，
1．白象の悲しみの姿をどうあらわすか。（向き，かっこうなど）
2．群象の怒りをどうあらわすか。（すすむ方向，かさなり，怒りの表情）
3．戦いをどうあらわすか。（人物と群象の位置，大きさの対比）
などです。
　具体的には，切り抜いた象をたくさんつくり，黒い画用紙（8つ切 $\frac{1}{2}$ 大）の上に並べて，いろいろ構成してみます。そして怒る象の集団の力や方向性とか，戦いの場での象のいきおいを考えていきます。
　小さい画面上で，多くの象を配置するのですから，重ねたり，かためたりすることで，主題をどうあらわすかを検討するのです。
　そのあと，背景（地平線の位置，まわりのようす，必要なものの描きこみ）を考え，場面の構成をしていくのです。

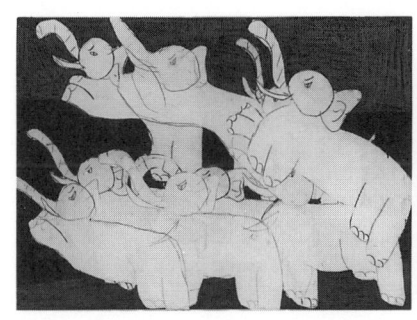

オッペルと象　はり絵　　　　　オッペルと象

> **問19** 『ごんぎつね』の絵を描かせたいのですが、井戸、彼岸花、火縄銃など、子どものまわりには見られないものばかりです。どうやって教えてやればよいでしょうか。

実物や資料を集める意味　『ごんぎつね』に限らず、他の物語でも出てくることですが、原則的には、できるかぎり実物を探します。それは、たんなる具体物を知るというだけでなく、物語に対するイメージを豊かにするのに役立ちます。

しかし、それでも架空のものや、どうしても手に入らないものもあります。そんなときは、図鑑や写真、絵本などから資料を集めましょう。

ここで大切なのは、たんに具体物を知ることではありません。たとえば井戸は当時の人々の生活にとって、どんな役割と意味をもっていたのかを探ることが大事です。そうすることで現代のように蛇口をひねれば水が出る生活から見て、水を得るのは手間隙のかかる仕事だとわかります。同じく火縄銃、はりきりあみ、いわしなども、そんな役割や意味を探っていけば、兵十のまずしい暮らし全体をイメージできるでしょうし、ごんのつぐないの行為の理解へとつながっていきます。

彼岸花にしても、たんに情景というのではなく、あの目にもあざやかな赤い色は、葬列を見るごんの心情とどうかかわるかと考えます。

ですから実物があるのが最もよいのですが、なければ資料を集め、それを手だてにたんに形や色だけでなく、人々の生活にどんな意味をもっていたのかを考え、読み深めていきます。

教師の体験などもおりまぜて、話してやりましょう。

ごんぎつね

中学年の問題―絵　画

> 問20　「この物語はさびしい感じの話だ」といいながら，思った絵と違った印象の仕上がりになったりします。何が原因なのでしょうか。

物語絵の色　　物語というのは生の現実ではありませんから，形においても，色においても，現実そのものとは異なっています。そこでその話の訴えをもとに，自分の思いと重ねて，色を考えていくことになります。

たとえば『ごんぎつね』を例にとれば"ごん（きつね）"の色でも，いたずらをしたときの色と撃たれて横たわったときの色は当然違ってきます。またそのまわりの背景の色も，"ごん"の心情を通して考えられる色になります。

このように物語絵の色というのは，現実の色からはなれて，その主題，訴えの内容とかかわって，全体的な統一を考えなくてはなりません。

そうしたことを子どもたちに理解させる学習の一つの方法として，絵画作品や絵本などを鑑賞します。

ですから，物語絵の着彩にはいる前に，そうした学習を通して，全体の色の見通しをたてておくことが大事です。

着彩指導の要点　　まずはじめにラフスケッチに，おおまかに着彩します。また小さい画用紙に，何枚かの下絵を用意できれば，子どもたち自身が試行錯誤をくり返して，全体の色の見通しを練ることができます。

そのとき物語の主題を考えながら，
・画面全体にどんな色を多く使っていくか
・場面ごとに強く浮きたたせるものと，そのまわりの色をどのように組みあわすか
・家，人物，空，地面などの色も，主題，訴えとかかわって，どんな色を使っていくか

といったことを話しあいます。さらにそうした着彩スケッチをもとに，制作の仕事に入り，まとめあげていきます。

> **問21** 画面に描かれた下絵はよいのですが，着彩で失敗する子が多くいます。なぜでしょうか。また，どこからぬりはじめるとよいのでしょうか。

全体の色

子どもたちが，人とか木とかを先にぬるので，あとでそれが邪魔になって，山や空がぬれないで困っている場面によくぶつかります。これは無計画に，着彩しやすいものからぬるからです。したがって，必要なことは，全体の色をどうするのかの計画です。

現実の色でなくてもよい

また物語の絵の色は，想像の世界ですから，現実の色でなくともいいわけです。

物語の内容から，画面全体に，どんな色を多く使い，画面の統一をつくるか考えておくことが大事です。

着彩の実際

さて，どこからぬりはじめたらよいかについては一般的には，空とか広い面をしめるものからぬる方が失敗しません。その色が，全体の感じや雰囲気をつくってしまうからです。

指導の要点は，

1．色彩スケッチした下絵と，試し紙，本番の紙を準備し，まずどこからぬるかを話しあいます。
2．一定時間，空なら空だけぬりましょうとか決めて，作業します。

　早くぬれたら，黒板のところにならべるなどして，離れて，効果を見てみます。

3．何か所か彩色したら，絵の具の乾きを待ってから，次へすすみます。

これは，色がまざりあってにごるのをさけるためと，全体のイメージにそって彩色されているかを見るためです。また，描いている途中では，部分ばかり気をとられるので，少し距離と時間をおいて，自分の絵を見なおす習慣をつけてやるのです。

　失敗した場合，新しく紙をやったり，失敗部分に新しい紙をはってやってもいいのです。根気よく，ていねいに仕事をすることです。

問22 物語の絵を描かせるときに，おとなの絵を見せてはいけないといわれましたが，どうなのでしょうか。

積極的な鑑賞の教育を　いけないといわれるのは，おとなの絵を見て，子どもがまねをするという理由によるのだと思いますが，町にはっているポスターや家にかけてあるカレンダーの絵を見たり，絵本，アニメなどを見たり，身近な生活の中で，すでに，鑑賞の活動ははじめられています。

子どもたちはそうしたものを通じて，自分の見方や感じ方の幅を広げていくのですから，こうした活動をもっと筋立てて，意識的に組み立て，与えていかねばなりません。

鑑賞で学ぶもの　描くことにつまった子どもが，友だちの絵を見てまわる場合がよくあります。刺激を受けて，また自分の絵にもどっていきます。すぐれたおとなの絵を鑑賞させるのも，これとよく似ています。表現の様式（形，色，空間，構図，強調，省略等）を学び，そして，作品の主題が，どうあらわされているかを学ぶようにします。それが自分の表現を考えるきっかけになります。

意識的に組む　初歩的には見てわかる，つまり再現的な作品を見せましょう。身近なものでは，すぐれた描写の絵本から，いわゆる芸術作品まで数多くの教材があります。

具体的な例としては前述の物語『八郎』の指導で，北斎の『波裏の富士』とクールベの『波』を鑑賞として使うことができます。『波裏の富士』ではスケールの大きい，ダイナミックにデフォルメして表現された波と木の葉のような舟の対比が，クールベの『波』では，前景の大波に的をしぼった力感あふれる表現，空，雲，波の色の調子が『八郎』の世界の波（自然の荒れた波をこえて，田をひとのみにせんとする意志をもった波）をどう表現するかを助けます。

問23 教科書に，ブリューゲルの『農民の結婚式』（部分）が，人の動きの参考例としてのっています。この絵による鑑賞指導を具体的に教えてください。

表現のしくみを理解する　美術作品は，文字やことばで理解される文学と違って形や色，その他の表現様式を通して理解されるものです。ですからその表現のしくみがどうなっているかを見ていくことです。

なお，子どもたちに見せる作品は，抽象的なものでなく，現実の姿が具体的に描かれている作品をとりあげましょう。

教科書の『農民の結婚式』（部分）は，現実の農民の生活を再現的に描写したもので，子どもたちにとって，わかりやすい作品です。

一般的には次のようにすすめます。

1．絵を読む。

・題や説明をふせ，絵だけを見て，人数，男女，人物のようす，服装，顔つきなどを発表しあいます。

・室内のようす，壁にかけているもの，テーブルや椅子にのっているもの，運んだり，手にしているものも同様に発表しあいます。

2．生活を読む。

1．で発表しあったことから，何をしているところかを考えあいます。

人々の生活のようす，動きのようすから，どんな生活を描いているのか討議します。教師の側から，フランドル地方の生活について話してやりましょう。

3．表現のしくみを読む。

何を描いた絵なのかがわかれば，その表現のしくみを考えあいます。作者の視点，人物のようす，動き，構図と色，強調，省略，明暗などを読みとっていきます。

農民の結婚式　部分
（ブリューゲル）

中学年の問題―絵　画

問24　父や母，友だちなど身近な人は，どの学年でもよくとりあげます。とりあげる視点を示してください。

感情的なかかわりを大事に　人を描くとなると，子どもたちは外形にとらわれ，似せて描こうとします。何を描くのかでなくして，どれだけ似ているかが，"よい絵"の基準のように考えます。したがって，「やさしい」とか「こわい」といった感情的なかかわりが，表現のもとになることを教えなければなりません。

ところで「私のお母さんはやさしい」と書くより，「髪を洗ってくれるとき，少しずつお湯をかけてくれる」と書く方が，「やさしい」の具体的な中身がはっきりするように，絵に描くときも，そうした具体的な中身をあらわすようにします。

ところで近年「父母の生活を描こう」というと，「何を描いていいかわからない」という子が多くなってきました。生活の現実がとらえにくくなっているのです。これは大変残念なことです。「父母の生活」の何をこそ大事なものとしてとらえていくのかを，今一度見つめなおしたいものです。

取材や構成については別項でのべますが，人を描くということは，具体的な事実でもって，その人を描くのであって，具体的な事実の中に生きた人間をあらわにすることです。

お母さん，まって！

> **問25** 地域の祭は子どもたちの楽しみです。それを絵にしたいのですが，どのように指導すればよいでしょうか。

自分を通して見た祭りを　祭りの絵というと"だんじり（山車）"や"みこし"を描くというのが通り相場のように考えられます。祭りの情景を描くというならそれでいいのでしょうが，生活題として祭りをとりあげるのであれば，自分を通して見た祭りという視点が大事です。

　下の絵は，雑踏の人ごみの後ろにいたので，だんじりの上の方しか見えなかったことを描きながら，そのなかに心の動きを表現しようとしたものです。

　その子はこう綴っています。

　「宮入りやという声で，ちょっとでも近くで見ようと夜店の裏をあちこち走っているうちに，どこも人がいっぱいで，人の頭ばっかり見えた……」

　そこでこの子はだんじりを画面の上の方へ，手前に人の波を，さらにその手前に，少しでもだんじりをよく見ようとする自分と友だちの姿を構成して描きました。

　このように描きあらわしたいことがはっきりしてくると，中心に置くものもはっきりしてきます。そのうえで中心に置くものの大きさ，位置，周りのようすなどをどう描き出していったらよいかを考えさせていくのです。

村祭り

中学年の問題―絵　画

問26　運動会を思い出して絵を描かせたら，まるで低学年の絵のようになってしまいます。どうすれば中学年らしくなるでしょう。

表現の内容を具体的に　　パターン化した人物が並び，絵が展開的になるということだと思いますが，指導する方も，運動会の絵というと，競技をしている情景や雰囲気が浮かび，指導のねらいがはっきりしないままに，「楽しかったことを思い出して描きましょう」式のあいまいな指導をしてしまいがちです。

子どもたちも，誰と誰がどうなって，どんな姿，どんな気持ちでという具体的なイメージを持たないまま描きますから，ことがらを描くことになり，たとえば玉入れの情景の中に，パターン化した人物が並んだ絵になるのです。

それで，運動会を通して，「どきどきしたとき」「緊張したとき」「うれしかったとき」「力いっぱいやったとき」はどんなときかをあげてみます。

つぎに，その場面の具体的なようす，誰と誰がどうなって，どんな姿で，どんな気持ちでと，表現したい内容と構想を考えていきます。

つなひき　　たとえば，つなひきは，集団的で，つなをはさんで，むこうの人物，こちらの人物，同一方向へ引く子どもたち一人ひとりの姿やかっこうも違っています。そこで一人ひとりのつなをひく姿勢や向きを考えて構成します。かならずつなひき全体を入れなくても，自分をふくめた部分を描くことでつなひきにかける思いは描けます。

つなひき

> **問27** 教科書の生活題に「このごろのこと」とあるのでとりあげると，題を決められない子がいます。題材指導の方法を教えてください。

取材表を活用

最近したことや見たことで，いちばん心に残っていることを思い出して，絵に描いてごらんといわれても，何を描いたらよいのか見つけだせない子どもがいるものです。

ですから日頃から題（テーマ）を見つける指導をしておくことが大事です。

生活綴り方指導では，取材→構想→記述→推敲のプロセスをたどりますが，生活画の指導も，ほぼ同様です。

右図のような取材表を週のはじめにわたし，週の終わりに，その中で一つ絵にしたいことがらを文でくわしく綴ってみましょう。

ふだんから日記を書かせているときは，その日記に書かれていることを，表にわけていかせてもかまいません。

取材表を発表しあうことで，題を見つけていく力が，だんだんと育ってきます。

(取材表の一例)

取材表		名まえ（　　　　　　）						
心に残ったり，絵にしたいことがらのある時○印を入れる									
月		13	14	15	16	17	18	19
		日	月	火	水	木	金	土
家族	したこと			○	○			
	みたこと							
友だち	したこと	○						
	みたこと					○		
自然	したこと							
	みたこと			○				○
社会	したこと						○	
	みたこと							
絵にしたいことはどんなことですか。									

構想表について

上記の取材の中から，最終的に絵に表現する題（テーマ）を決め，どう表現するかを考えましょう。

構想表はその指導で利用します。

取材したことがらから，何を，どう描くかを考え，かんたんにスケッチして，本番へとにつめていきます。

(構想表の一例)

題（テーマ）	
ねらい	表現したいことがら
どう描くか	
かんたんにスケッチしてみましょう。	

中学年の問題―絵　画

> **問28**　子どもたちの遊ぶようすや体育の時間から題材を選びたいのですが，どんなことがとりあげられるでしょうか。

体育の時間から　　下の絵は，体育の時間にした「のぼり棒」と，「こうもり（鉄棒）」の絵です。

　子どもたちは，遊びのときも，いっしょうけんめいになって，棒をのぼり，鉄棒にぶらさがって遊んでいます。上の方へあがれるおもしろさ，倒立してぶらさがるおもしろさがそうさせるのでしょう。またやれなかった子が何度も何度も挑戦して，ついにできるようになった感動も，こうしたことの中で生まれます。そんな思いを表現につなげるのです。

　「のぼり棒」は，1本の棒にしがみつき，両足をふんばり，足裏で棒を支え，両手に力をこめて，少しずつ上へあがろうとする姿，「こうもり」では鉄棒にかけた足に全体重が支えられ，下に垂れた腕，頭，髪の毛と，姿や形そのものを描くことで絵になる題材です。

　形態の特徴をモデル人形にうつしとり，それをもとにモデルを見て，力のようすを描きます。形を人形にうつすことでイメージを豊かにし，ものについての確かめが深まります。

こうもり　　　　　　　のぼり棒

> 問29　学校生活のなかから題材を選ぶとすると，どんな題材があるでしょうか。

題材を選ぶ視点　「そうじをしている姿」を例に考えてみましょう。ほうきで床をはいている姿を描いても床をはいているのか，ほうきをもって立っているのかよくわかりません。雑巾で机をふく姿も同様です。形として決まらないのです。ところがこれが窓をふく姿となると，形がきまり，描きやすくなります。

このように学校生活のなかには，題材になりそうな場面が多くあるようですが，それを描くとなると，形や情景にはっきりと描けるものを，題材として選ぶ必要があります。

雨降りの登校　つゆ時になると，降り続く雨に，雨靴をはき，ランドセルをぬらすまいと，肩にかさをかけ，足もとの悪い道を難渋しながら登校する子どもの姿が見られます。

その体験を想像させてみましょう。どろんこ道，ぬれまいとする姿などがすぐ目に浮かんできます。雨降りの登校は，思いと形，情景が結びついた題材の一例です。

指　導　雨降りのとき，学校へくる道でのことを話しあいます。

どんなようすであったか，どんなことで困ったかを思いおこし，その時のかっこうを思い出してみます。

雨のふきつける方向，ぬかるんだ地面，ぬれまいとするかっこう，暗い空と画面をつくる要素をとり出し，自分のいいあらわしたいことを，どう構成していけばよいかを考えていきます。

雨降りの登校

中学年の問題―絵　画

> **問30** みんなで遊んでいるところを絵に描かせたいのですが，どんなことをとりあげたらよいでしょうか。

　ドッジボールやなわとびが，よくとりあげられますが，それぞれが遊んでいるという感じで，集団での遊びという点では構成的ではありません。
　たとえば「おしくらまんじゅう」のように，動きに変化がある，集団での遊びをとりあげましょう。

おしくらまんじゅうを描く　　「おしくらまんじゅう」を例に，その指導の要点をのべてみます。

・押しあうからだの中に見える力を描く。
・集団の中での動きを描く。
・線描による表現力をねる。

の3点がねらいです。
　まず，おしくらまんじゅうを見て，それぞれの頭の位置を円で描きます。頭の高さのちがい，前，横，後ろの人物の見え方，重なり，大きさなどを，何回か見ながらとらえます。そして正面の人物を，おおまかにクロッキーします。それから順に，全体をクロッキーします。
　つぎに，組み合う腕，立っている足の部分スケッチをします。
　本番では，クロッキーと部分スケッチをもとに，画面構成し，正面の人物から描き，一人ずつ描き終えていきますが，力がどう見えるかを大事にしたいものです（かならずしも全体を描かなくてもよい）。筆やコンテを使う方が消せないので，集中して描くことができます。

おしくらまんじゅう

問31 協同制作に取り組みたいと思います。中学年の子どもに適した題材や指導法をきかせてください。

中学年の集団の質　中学年ともなると，その集団の質も，目的をもったしごとに取り組めるように高まってきます。低学年のように，みんなでしごとをした結果が協同制作という段階から，目的意識的にしごとにむかえる点で，中学年はバランスのとれてくる年代です。ですから，たとえば，給食当番とか畑作りといった共通に体験したしごとを，グループで再現的に表現しましょう。

指導の要点　「給食当番のしごと」を例に，中学年の協同制作の要点をのべてみます。

1．小グループを構成する。

　クラス全員で，一つの作品というより，はじめは小グループで，話しあいのできる人数で構成した方がよいでしょう。

2．「給食当番のしごと」で，どんな場面を描くかを話しあう。

　"狭い廊下を注意しながら，運んでいるところ"とか"分担して食べ物を配っているところ"とか，自分たちの思いを出しあって，相談します。

3．何を，どこにどんなふうに描くかを話しあう。

　描きたい内容にそって，人物の位置，かっこう，配置するものなどを話しあいます。

4．しごとを分担する。

　だれが，どの人物を描くかを分担しあい，モデルになりあいながら，スケッチをします。「もっと腰をまげて」とか，「もっと重そうなかっこうを」と注文をつけあいながら，描いていきます。

5．構成を話しあう。

　それぞれのスケッチをもとに，「もっと人物を重ねよう」とか，「並べ方をかえよう」など，全体の構成を話しあい，周りの配置を考え，彩色についても相談しながら，仕上げていきます。

中学年の問題―版　画

問32　紙だけでなく，いろいろなものを使って版をつくらせたいと思います。どんな素材を集めさせたらよいでしょうか。

　表現と素材の関係は，絵を描いたり，ものをつくったりする場合，大変重要なものになります。
　ことに，版画の場合，素材経験は大変重要な位置を占めます。鉛筆や絵の具で絵を描くのと違って，結果は一番後でないと見えません。
　だから，版画の素材や技法の経験は，子どもの表現を大きく左右することになります。

あら目の布

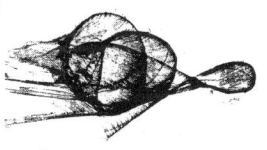

糸にインキをつけて押さえながら抜きとる

素材を集める　平面に置いて使えるもので，変化のある素材を集めさせましょう。

○紙——表面のざらざらした紙，つるつるした紙，しわの寄った紙，ダンボールのような凹凸加工のしてある紙（中の波のあらいもの，こまかいもの）。
○布——ハンカチ，タオル，麻の織り物（あら目のもの，こまか目のもの），その他，厚手の布，薄手の布，ナイロンの布（女性用靴下）。
　（できるだけ，いろいろ変わった織り方や織り目の布を集める）
○糸——いろいろな太さの糸や，変わったより方をした糸。
○ひも——太いひも，細いひも，布製のものやナイロン製のもの，縄のようなわら加工のものやマニラ麻の加工したもの。

　子どもたちの手近にあるもので，その一部分を切りとって持ってくるようにさせましょう（多いほどよいというのではなく，違いや変化の見られるものをよりすぐってくるようにさせましょう）。
　持ってきたものをグループで話し合い，試し刷りをさせましょう。

その使い方　たとえば，しわの寄った紙の場合，丸めた紙をそっと広げて，必要な版の上にのりをつけ，はりつけてから不用な部分を切りとります。毛糸や糸は，必要な版の上にのりをつけ，1本ずつはりつけていきます。

> **問33** 紙版画で布や毛糸を使って版をつくらせたのですが，その素材の特徴を生かすことができませんでした。どのように指導したらよいでしょうか。

　近ごろは，紙版画も紙だけでなく，布や毛糸など，ほかの材質のものを使って版をつくらせるような指導が教科書などに，よくでてきます。

　確かに，あら目の布や毛糸などを使うと，まるで違った表現の効果を生みだすことができます。しかし，それも，あらわそうとするものの内容によって，よく考えないと全く意味のないごちゃごちゃした表現になってしまいます。どんなところに，どんな材質のものを使えばよいか，よく知った上で扱うようにすることが大切です。

表現に即した素材の工夫　紙版画に，紙以外の素材を使うときは，素材の性質や特徴をつかんで，試し刷りをしてみる問32の素材経験が大切なしごとになってきます。

　紙版画に，いろいろな素材を使おうとするときは，ただ何となく素材を集めさせるのではなく，どんなものが，どんな版の現われ方をするのかを，あらましつかんでいることが大切です。そうでないと，単なる偶然性に期待するだけのしごとになってしまいます。

　版画にする内容の構想をねって，下絵ができてから，素材集めのしごとにかかるようにしましょう。そして，具体的な表現の内容に即して，どこに，何を，どのように使うかを工夫させましょう。

　たとえば，人物の髪の毛をあらわすのに毛糸を使おうと思ったとき，太めの毛糸がよいか細めの毛糸がよいかを考えさせます。できれば，髪の毛の状態，飛び上がっているときの髪の毛の曲がり具合なども考えてつけていくようにします。

　また，人物の服をあらわすのに，柄や模様に子どもはひかれて，布目のあらさやこまかさに気を配ろうとしません。版画は絵ではないのですから，布の織り目に注意して集めさせます。

　版画に使う布は，できるだけあらい目の布を使うようにしましょう。

中学年の問題―版　画

> **問34**　子どもたちに版画をさせると，あちこちにインキをつけて困ります。どのようにしたらよいでしょうか。

版画指導で困るのが，インキにまつわる用具の扱い方や後始末です。この処理が大変なために，版画指導を面倒に思う先生もいるくらいです。

版画用インキの種類と扱い方　　版画用のインキにはいくつかの種類がありますが，子どもには中性のインキを使用させた方がよいと思います。

水性は，インキにねばりがなく，乾燥も早いので，ローラーで版にインキをつけている間に，さきにつけたところが乾燥していって，版を刷りとるときにはインクがつかないような状態になってしまいます。

油性は，逆にインキがいつまでもねばねばして，版を刷りとるのには都合がよいのですが，インキの量の加減でずいぶんと違った刷り上がりになってしまいます。また刷りとった後もインキの乾きが遅く，作品をうっかり重ねて置いたりすると，あちこちにインキがついてしまいます。

用具の手入れと後始末

1．練り板の手入れと後始末

練り板についたインキは，ローラーで吸いとり，それを新聞紙の上に転がしてつけ，捨てていくようにします。こうしてインキがほとんどつかなくなったら，灯油を少し流し込んでぼろ布で拭きとります。

2．ローラーの手入れと後始末

ローラーについたインキも新聞紙に何回か転がして吸いとらせ，捨てます。取手や金具についたインキは，灯油をしみこませたぼろ布で拭きとっておきましょう。

3．その他のところについたインキも，灯油をふくませたぼろ布で拭きとってきれいにし，つぎに使う人が気持ちよく使えるようにしましょう。

①ローラーでとる
②新聞紙にとる　新しい新聞紙で何回も…
③灯油を少し入れる
④ボロ布でふく

練り板の手入れ

> **問35** 紙版画を刷らせると，インキがまだらについたり，薄かったりします。どこがいけないのでしょうか。

紙版画の版がきれいに刷り上がらない原因は，大きく分けてインキの練り方と，インキのつけ方にあります。

練り板でのインキの練り方 版にインキがつきすぎたり，よくついていなかったりする場合は，インキの練り方とローラーへのつけ方に原因があります。

版にインキをつけるためには，最初に練り板（パット）に適当な量（版の大きさによって違う）のインキをヘラで出し，広げます。ヘラである程度広げてから，ローラーでよく練り広げていきます。

そのときのローラーの動かし方は，下図のように練り板の上を往復させないように転がします。

また，前後に転がすだけでなく，左右の方向にも転がして練り広げるようにします。

練り板で練るときのインキの量は，最初にインキを練るときと，2回め，3回めに練るときとでは違ってきます。2回め，3回めはすこし少なめにします。

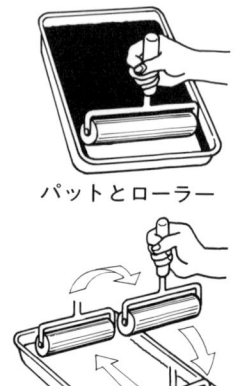

パットとローラー

ローラーの動かし方

版へのインキのつけ方 全体にインキが薄すぎてはっきり写しとれない場合がありますが，それはローラーにつけたインキの量が少なすぎるためで，1枚めを刷った後に起こります。1枚めを刷るために練ってつけた後の練り板には，ほとんどインキは残っていません。最初のときよりは少なめにインキをだして練りなおしてからつけるようにします。

インキのつけ方は，1枚めを刷るときと，2枚め，3枚めを刷るときとは違ってきます。1枚めは版にインキがしみ込むので，少し多めにインキをつけるようにしましょう。

中学年の問題―版　画

> **問36** 木版画を彫らせたら，彫刻刀でけがをする子がたくさんいました。どんなことに注意したらよいでしょうか。

　市販の安価な彫刻刀は，質が悪い上，使用中，使用後の手入れが悪いと切れ味も悪くなってきます。

版画作業板の使い方　木版を彫るときは，必ず版画作業板を使わせましょう。作業板には，向こう側と手前に，すべり止めの桟がついています。手前の裏側についている桟を机の端に引っかけて，向こう側の桟に版木を押しつけるようにすると，版木が安定して動きません。

　彫りやすい角度で当てることができるように，桟に切り込みが入れてあるものもあります。

版木をおさえる手　版木をおさえる手の位置に気をつけさせましょう。

　右手で彫刻刀をもって彫るときは左手，左手で彫るときは右手で版木をおさえることになりますが，このおさえる手を，彫る手より前に出さないように教え込みます。

　彫刻刀をもたない方の手を，彫刻刀が切り込んでいく方向に置けば，彫りのはずみで，手にさし込んでしまうことになります。

両手を使って彫る　細かい部分を彫るときは，両手で彫っていくようにさせましょう。右手に彫刻刀をもつときは，左手の人さし指を右手の彫刻刀をもつ人さし指にそえて動かします。それは，右手の彫刻刀をもつ手の動きをコントロールする働きをし，細かな面や線を彫り込んでいくときのブレーキ役もするからです。

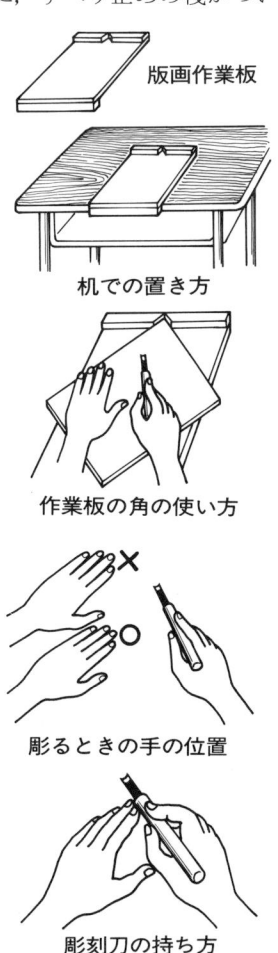

版画作業板

机での置き方

作業板の角の使い方

彫るときの手の位置

彫刻刀の持ち方

> 問37　木版画を彫らせると，三角刀や丸刀だけで彫っていく子がたくさんいます。どのように指導したらよいでしょうか。

　はじめて彫刻刀を手にした子どもたちは，版画としてのまとまりを考えるよりも，彫刻刀の彫り跡がどんなに現われるかに興味をひかれて，結果的に何を彫ったかわからないような版画になってしまいます。

　版木の裏を使っての試し彫りは，どの彫刻刀が，どんな彫り跡をつくるかをつかむために，版木を彫る前に，必ずやらせておきましょう。

　そして，どの刀を主にして彫っていくかを考えてから彫りはじめましょう。

A　切りだしで彫る　　ものの形の輪郭にあたる部分を彫るときに使う。形の輪郭をすっきりだすために，輪郭の外がわにやや刀を傾けて切り込み，その後で，切り込みに向かってけずりとっていくようにする。

B．平刀で彫る　　平面的な部分をぼかしたようにあらわすときに使う。また，切りだしで彫った輪郭の外側を白く浮きだされるときの彫りに使う。

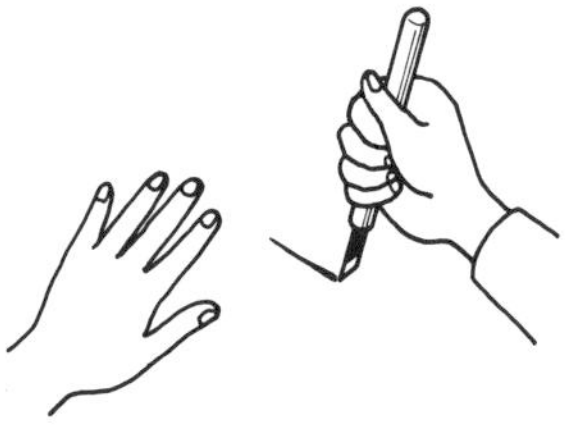

切りだし刀の使い方(1)

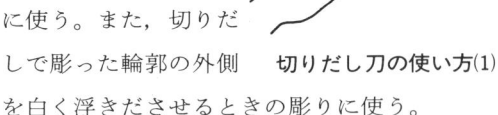

C．丸刀（小丸刀）で彫る　　白くするところ，それも，まっ白にするのではなく，空間や面の広がりをあらわすときに使う。その場合は，短い何本もの彫りを重ねていくように彫り込む。こまかな部分の面や空間の変化をあらわすときに使う。その場合は，

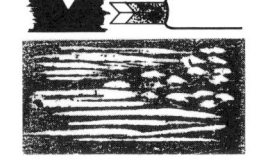

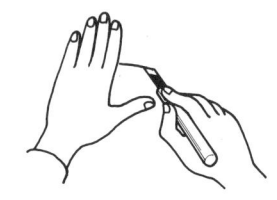

切りだし刀の使い方(2)

D．三角刀で彫る　　短い何本もの線を重ねて彫り込む。ものの輪郭や区切り線を出すときにも使う。

中学年の問題―彫　塑

問38　粘土で好きなものをつくらせたのですが，あまり良い作品ができませんでした。どのように助言すればよいのでしょうか。

イメージをはっきりさせる　「好きなものを」といっても，ただ何となく好きではしっかりした作品はつくれません。

　対象のイメージがぼんやりしたままでは，どうしてもあいまいな表現になってしまって，緊張がなく，見る人に強い感動を与えることもできないでしょう。子どもがつくるしごとに入る前に，対象と自分との関係をいきいきと思いおこさせ，イメージをはっきりとつかませて，どきどきするような心でつくらせたいものです。

　そのためには，つくるものを決めさせたら，その姿，かたちはもちろん，どうしてそれが好きなのか，どんなふうに好きなのかなど，子どもと対象とのかかわりについて具体的に問いかけて，つくりたい気持ちと，つくりたいもののイメージを，より確かなものにさせましょう。

適切な指導を　ところで，好きなものを好きなようにつくらせるということは，つくり方もすべて子どもまかせにして，放っておくということではありません。

　好きなものを好きなようにつくるには，それだけの力量がいります。さまざまな，表現上，造形上のうでや手だてです。

　3～4年生くらいの子どもに，自分のつくりたいものを思いどおりにつくれるだけの，表現力や造形力はありませんから，放っておけば，いいかげんなしごとになってしまいます。子どものしごとぶりに注意して，適切な指導や助言をしなければなりませんが，好きなものといった場合，一人ひとりつくっているものが違っているので，その指導，助言もひととおりではありません。

　何でもないことのように見えて，好きなものを好きなようにつくらせるということは，いろいろな問題をかかえています。子どもに，確かで豊かな表現力を育てるためためには，題材をしぼり，表現のねらいもはっきりおさえて，自信をもってつくれるように，指導するのがよいと考えます。

> **問39** 粘土で人物をつくらせたのですが，動きがなくて人形のような表現が多いのです。どのような助言をすればよいでしょうか。

　題材の設定と作業に入るまでのイメージづくりが充分にできていなかったのではないかと思います。

題材設定の考え方　　たんに，友だちあるいは，おかあさんと，対象を決めただけでは不充分です。「ぼくと野球をしているおとうさん」「ドッジボールで逃げ回っているタカシくん」といった，日常生活の中で子どもが心に強く留めている情景を掘り起こして，対象と自分とのかかわりを具体的な状況でつかまえ，誰がどうしているところをつくるのか，子どもにはっきりとイメージさせるようにしましょう。子どもが興味や関心をもっている対象を選ばせるだけではなく，なぜ興味をもっているのか，もう一歩，ぐっと突っこんだところから作業に入らせたいものです。

イメージづくり　　題材設定のプロセスで，子どもたちのイメージはかなり豊かになっているはずですが，いざ，つくり始めると，日頃，それほど意識して対象を観察しているわけではないから，よくわからないところが出てきます。教師の方からの問いかけや動作化などで，イメージをより確かなものにさせるようにしましょう。ところで，動作化して観察させるときは，どんなところに注意するか，観察のポイントをしっかり押さえさせたいものです。

　体の傾きや曲がり具合など，全体のイメージをしっかりつかませないと，細部にこだわった，説明的で動きのない表現になってしまいます。

技術的な問題　　粘土でつくる彫塑のしごとでは，浮き彫りは別として，立つことが要求されます。絵のように自由自在にいろいろなかっこうはさせにくいのです。安定して立つようにしようとすると，直立した，動きのない人形のようになってしまいやすいのです。この点，高学年になれば，心棒を使えるようになるのですが，低・中学年では技術的に問題があります。

　この問題については，問40でもう少しくわしく述べることにします。

中学年の問題―彫　塑

> 問40　「遊んでいる友だち」をつくらせたところ，倒れたり，ひしゃげたりして，うまく立たないので困りました。良い方法はありませんか。

立たせる工夫　　背の高いもの，動きのあるものをつくろうとすると，途中でぐにゃりと曲がったり，倒れてしまったりするので子どもなりにいろいろ立たせる工夫をします。

寝かせてつくっておいて，後で立てようとしたり，体の各部分を別々につくっておいて，後で組み立てようとしたりする子がいます。

また，題材で何とかしようとする例は，「すもう」や「逆立ちごっこ」などです。

足や腕が4本になるので，動物と同じように立たせられるわけです。題材は限定されますが，立たせるための工夫は成功しています。

逆立ち

ねらいをしぼる　　粘土であらわすしごとには，量感，動き，均衡など，いくつかのねらいがあります。低・中学年の人物彫塑では，視覚的なねらいは絵に譲って，触覚を大切にし，量と動きにしぼるのがよいでしょう。目で見た人体各部のバランスにはあまりこだわらないで，どっしりとつくらせることです。まず，倒れないように足元を大きく力強く，しっかり粘土をつけてから，上の方へ積み上げていくようにつくらせ，特に，体の動きに心を集中させるようにします。部分，部分の視覚的なつりあいはとれていなくても，倒れたりしないだけでなく，塑像として，どっしりとした量感や動き，バランスのある作品になります。

心材の使用　　低・中学年では心棒を使うことは無理ですが，実際には，どうしても必要になって，部分的に，割り箸や竹ひごなどを補強的に使うことがあります。この場合，粘土が乾くと必ず割れますから，粘土に包みこまず，端を少し出して差しこむだけにしておき，粘土が少し乾きかけたら，早めに抜きとるようにします。

問41 自分の手について考えさせてみたいので，しっかりと見つめてつくらせようと思うのですが，教科書にはのっていません。どのように指導すればよいのでしょうか。

手のない教科書　手を題材として描かせたり，つくらせたりすることは，人間にとって手とは何かを，その年齢の子どもなりに考えさせるためにも大変意味のあることだと思います。ところが，教科書には動物や乗り物，人物などはのっていても，手の彫塑作品はのっていません。子どもは手に興味がないと決めているからでしょうか。それとも，粘土で手をつくらせるのは，難しすぎるからなのでしょうか。

ふしぎな手　子どもは手に興味を示さないと決めつけるのは独断でしょうし，興味を示さないものはとりあげないというのは，あまりにも児童中心主義的にすぎます。子どもの手への思いは，おとなのそれとは比ぶべきもないでしょうが，他の動物の肢や自分の足と比べて，その動きや形をふしぎと思う心は当然と考えてよいでしょう。そこで，自由自在に動く手を塊りとしてとらえ，表現するのが難しいとすれば，粘土で手をつくる手がかりをそこに見つけていくのも一つの方法です。

指導の手だて
1．みんなの手はどんなことをするかな？（問いかけ）
2．手の動き，働きを観察。（例・グー，チョキ，パー）
3．粘土板に粘土をのばし（厚さ15mm位），その上に自分の掌を見ながら大きな手形を描き，外形を竹ぐしで切り取らせる。
4．自分の手と比べ掌や手首の厚みをつけさせる。
5．自分の手をつくりたい形にして，前後左右，いろいろな角度から観察させ，まっすぐなところや曲がるところ（骨と関節）を触って確かめさせる。
6．粘土の手形を自分の手と同じように曲げ，形づくっていかせる。（粘土板の上に立てて）
7．自分の手とよく見比べながら，粘土をつけたり削ったりして仕上げさせる。

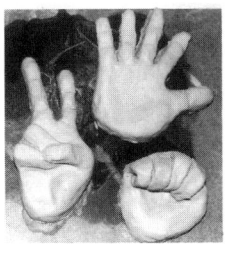

手

中学年の問題―彫　塑

> 問42　粘土で協同制作をさせようと思います。3～4年の子どもに適したテーマと指導法を教えてください。

中学年の協同制作　低学年でも，砂や土で遊ぶ中で自然発生的な協力関係が生まれます（山や川，大きな船，高い塔など）。また，めいめいが粘土でつくったものを先生の指示でもちよって，一つの作品にまとめることもあります（お月見だんご，動物園，水族館など）。

しかし，3～4年になると協同の目的と共通のイメージをもって，よく連係を保ちながら作業を分担したり，めいめいがつくったものをもちよって，協力して一つの作品にまとめあげる協同制作が，無理なくできるようになります。

ねらいと条件　協同制作には，一人ひとりを大切にする個人のしごとと違った，ねらいや条件があります。それは，

1．テーマ，題材そのものが，みんなでつくる必然性をもっている。
2．ひとりでは，主題の追求が十分にできない。
3．作品の大きさや，技術的な点でも，グループ作業を必要とする。
4．学級集団づくりなど，集団思考や協力の大切さを具体的な活動の中でわからせたい，などです。

テーマ・題材　このような条件とねらいで，学級，学校，地域社会での子どもたちの生活，集団的な遊びや催し，運動競技や演技などをテーマにしてみてはどうでしょうか。また，民話や物語の場面なども，良い題材になると思われます。

作業のプロセス
1．テーマ・題材をもとに，適当な構成を考え，グループ分けをする。
2．題材について話し合い，めいめいの具体的なイメージを絵に描く。
3．絵をもとにして話し合いを深め（主題がとらえられているか。人や物の形は，など）話し合いをもとにして下絵を完成。
4．作業の計画と分担，材料用具の準備。
5．下絵をもとにして，制作に入る。

> **問43** 残った粘土や壊れた作品など，固まってしまった粘土の処置に困っています。どうしたらよいでしょうか。

捨てずに利用　粘土はただの土だと思うのか，とかく粗末に扱いがちです。天然の粘土は，焼いてさえいなければ，どんなに硬くなっていても，水を加えて練りなおし，また使うことができます。捨ててしまったりせずに，再利用したいものです。

再生の方法　固まった粘土を軟らかくするには，二通りの方法があります。学級分まとめて処理する場合と，子ども一人ひとりにさせる場合と，適宜，使い分けていただくとよいでしょう。

A．量の多いとき
 1．よく乾かした粘土を，木槌でこまかく砕く。（細粉は，ふるって残しておくと便利です）
 2．砕いた粘土をバケツに入れ，粘土が隠れるまで水を注ぐ。
 3．かき回さないで，2日ほどそっとしておく。
 4．余分な水を捨て，軟らかくなった粘土は，頃合をみてまとめ，布で包むか，サン板の上にのせて，風通しの良い所で，1～2日陰干しする。
 5．乾き具合を見て，3～5kg位ずつにまとめて，よく練る。べたつくときは，板や粘土の上に，粉を振りかけるとよい。

B．量の少ないとき
 1．Aと同じ。
 2．砕いた粘土を，2重にしたビニール袋に入れ，水を注ぐ。
 3．少し時間をおいてから，余分な水を捨て，袋の口を輪ゴムでくくり，密封しておく。
 4．次の日，袋に入れたままでよく揉む。
 5．頃合をみて袋から出し，適当な軟らかさに練りなおす。

　A，B共，練りあげた粘土をすぐ使わないときは，必ずビニール袋に入れ，密封して保存しておきます。いつでも必要な時に，すぐに出して使えます。

中学年の問題―デザイン

> 問44　「着てみたいようふく」をつくりました。つくった後で捨てないで活用する方法はないでしょうか。

飾る　　たとえば，厚紙に自分のマネキン人形を描いて，それを着せて部屋に飾るのも一つの方法です。

　パネルにしたてたり，額縁にいれたりして掲示するのも，鑑賞をかねてよいでしょう。

使う　　また，当初から素材をゴミ袋用の大きいビニール袋にしておけば，簡易雨具にもなります。

　にわか雨に備えて，ビニール袋に首と手をとおす口をつけておくと急場はしのげます。さらに，補強したり飾りをつけたり，手を加えると一層すてきです。

マネキン人形に着せて掲示

簡単な雨具のつくり方

①　襟ぐり，袖ぐりをカットして，そこをビニールテープで補強します。

②　ぬれても色がおちないフェルトペンなどで，もようを描きます。もようがあると，ひとのと間違えることはありません。

③　もう1枚使って袋の底を切り，ベルトをつけて巻きスカートにすれば，すそもぬれません。

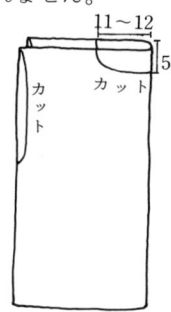

ゴミ袋（大）を使って簡易雨具をつくる

問45 連続もようをつくると，つなぎのところが切れたり細くてはずれそうになったりします。あらかじめ，どんなアドバイスをしておけばよかったのでしょうか。

失敗の原因　子どもたちは，切るときのことを考えずに図柄を小さく描いてしまうので，切るときになってつなぎの部分を切りおとしてしまいます。

つなぎを残す　それで，まず大事なことは図柄を大きくして，つなぎの部分が小さくならないようにすることです。

たとえば，右の図では太い実線のところがつなぎの部分です。かりに羽を点線のように描くと，つなぎはごく少なくなり，うっかり切りおとして失敗したりします。

つぎに，切る前につなぎのところだけ赤鉛筆で線がきして，切りおとしを防止します。

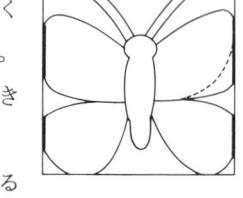

はさみを入れるとき，つなぎのところから刃を入れると失敗は少なくなります。

用具の扱い方　カッターナイフは，カッターマット（マニラボール紙とかビニールシート）の上で使うと切りやすく，机を傷つけません。切りあがって開くときもあわてず，そっと開きます。

蝶のしょっかくのようなところなども，ちぎれないように注意深く開きます。

蝶

中学年の問題―デザイン

> 問46　カットを描かせましたが，図柄が同じになったり描けない子がいたりします。いい解決法はないでしょうか。

かたちさがし

1. モールを使う。

　モールを使ってかたちを探します。「とり」「ぞう」「ひと」など，かたちが直しやすいので，いいかたちができたらスケッチをとります。

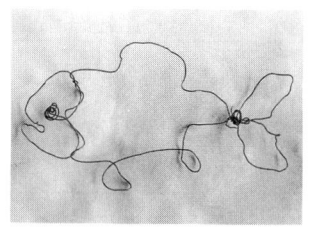

モールの魚

2. 中国パズルを使う。

① 正方形の厚紙を正確に作図して16片に分けます。（……補助線――切り線）

② はさみかカッターナイフで7つの小片に切りはなすと，できあがりです。

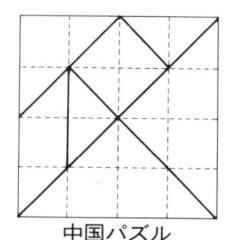

中国パズル

3. ラッキーパズルを使う。

　ラッキーパズルは縦，横の比が5：4になっています。作図は，補助線を印刷しておき，切り線（――）を子どもに引かせます。

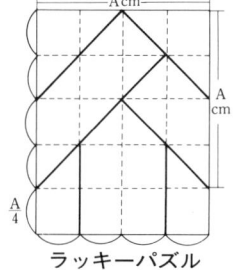

組み合わせのルール

・どんな場合でも7つの小片を全部使います。
・小片は裏返してもよろしい。
・小片は重ねあわせてはいけません。

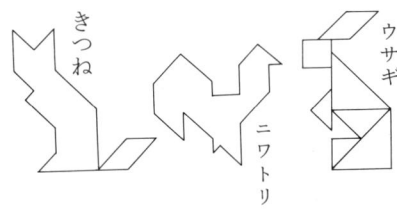

ラッキーパズル

（中国パズル作品例）きつね　ニワトリ　ウサギ

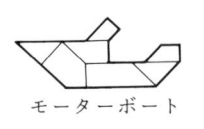

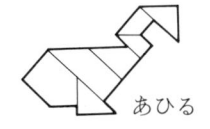

（ラッキーパズル作品例）モーターボート　あひる

問47　簡単ないも版をつくり型押しをしましたが，いくつも押すうちに形がくずれてしまいました。終わりまできれいに押す方法と，並べ方のこつを教えてください。

版を押すこつ

① いも版はいたみやすいので，軽く押します。
② 絵の具は水分をひかえめにして，のりをごく少量いれてとき，ガーゼをひたして余分につかないようにします。
③ 数を増やすのも，形の崩れを解決する方法です。増やした版と交互に使えばいたみも減ります。
④ いものかわりに消しごむを使うのは，子どもたちがよくやる方法です。弾力があるので押すのも楽しいし，いも版より堅牢です。

並べ方

① 同じ形のくり返し　② 大小の配列
③ 横に並べる　　　　④ 縦に並べる
⑤ リズム　　　　　　⑥ 対称

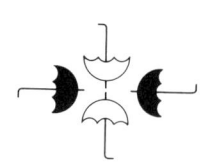

⑦ 市松 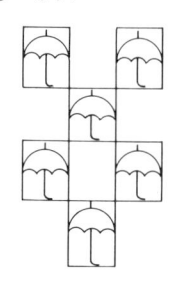　　⑧ 渦巻

中学年の問題―デザイン

> 問48 型を切り抜くステンシルの方法で年賀状をつくりましたが,にじんだりかすれたりしました。きれいに刷りこむこつは何でしょうか。

刷りこむこつ　　型紙は,薄めの渋紙が適当です。使う前に型紙の伸縮を少なくするため30～60分位,水につけておき,タオルで水気をとります。

　墨はすった墨でも墨汁でもいいのですが,にじんだりする失敗の多くは,墨や絵の具のつけすぎです。

① 筆は,刷りこみ刷毛を使います。3～4号の太さが,ハガキの刷りこみには適当です(染料店で市販)。毛は馬毛で,腰が強くてしなやかです。それがないときは,8～10号の絵の具の筆を根もとから5～6mm位のこして切って使います。

② ハガキの上に型をのせます。墨や絵の具はいったん刷毛にふくませてから,器の縁でよくしごいてふくませすぎを減らします。筆に絵の具をふくませすぎるとにじみます。新聞紙に試し刷りをしてべとつきがとれたら,輪を描くように動かし,手早く刷りこみます。

③ 絵の具など多くつけすぎて型の裏まで絵の具が入ったときは,新聞紙の上で柔らかくこすって余分なものはとってしまいます。そのつど適量なら賀状は50枚くらいきれいに刷れます。

④ 使った刷毛は,すぐ水洗します。型紙もしばらく水につけておいてから洗い,水気をとっておくとまた使えます。

このあたりを持って刷ります

刷りこみ刷毛

問49 3，4年では箱をつくらせることが多いのですが，展開図の説明が苦手です。どのように説明するとよくわかるのですか。

展開図の基本形　箱には，いろいろな大きさや形のものがありますが，まず，基本になる立方体形の箱で説明しましょう。

1．厚紙でつくった同じ大きさのふたのない立方体の箱を2つ準備します。
2．それを切り開いて，図Aと図Bのように平らに展開して見せます。これが，すべての箱の展開図の基本形です。板書して見せます。

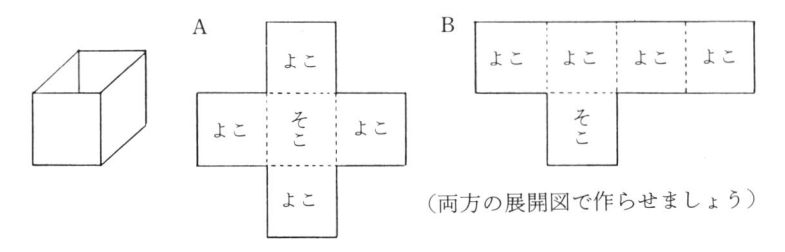

（両方の展開図で作らせましょう）

3．展開したA，Bを，もとの箱に組み立てて見せます。その時に，さきに切った所に，のりしろが必要なことを説明します。

浅い箱と深い箱　つぎに，立方体形の箱と比べて，それより浅い箱はA式の展開図を描いてつくること（図A′），立方体より深い箱はB式の展開図を描いてつくること（図B′）を，しっかりと教えます。

つくりやすく，紙のむだがないようにするためです。それぞれ，反対の方法でつくってみるとよくわかります。

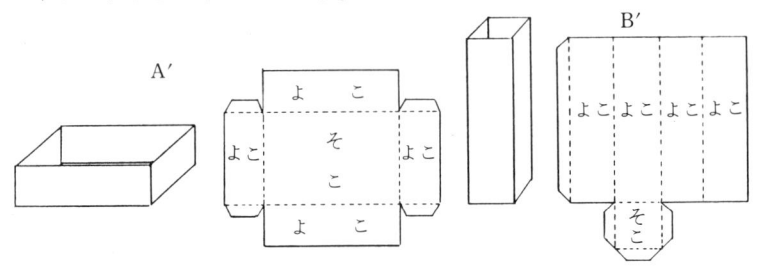

（参考）サイコロ型の正六面体の展開図では，A，B同じになります。違った描き方をすると，11通りの描き方ができます。

中学年の問題―工　作

問50　底が正三角形や正六角形の箱をつくらせようと思います。展開図の描き方はどのように指導するとよいでしょうか。

四角い箱の発展　三角形や六角形など多角形の箱は，四角い箱（問49参照）の発展応用と考えます。底面の形と辺の数（側面の数）が変わるだけで，考え方そのものには変わりはありません。

ただ，うまくつくらせるには，指導上のちょっとした工夫が必要です。

指導の流れと要点　1．まえもって，コンパスで正三角形や正六角形が正確に描けるように，十分練習させておきます。

2．箱をつくることになったら，最初に底の形と大きさを決めます。（底の辺の数＝側面の数と，底の辺の寸法＝側面の一辺の寸法が決まる）

3．箱の高さを決めます。（高さ＝側面の他の一辺の寸法）

4．底の大きさと，箱の高さを比べて，

　　A．底が大きく浅い箱は，底面をさきに描いてから側面を描く。

　　B．底が小さく背の高い箱は，側面をさきに描いてから底面を描く。

ことをきちんと指導します。

5．底が多角形の箱は，いびつになりやすいので，底の形や寸法をきちんと描かせることがポイントです。

6．底面をさきに描かせたときは，側面は，厚紙で方形の型紙をつくって描かせるのも，よい方法です。

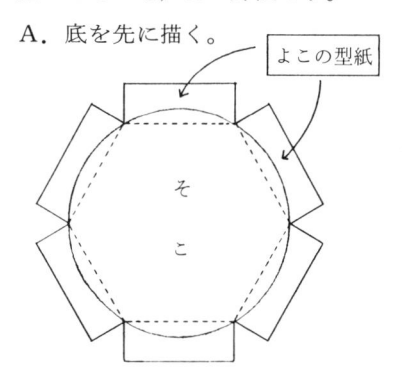

A．底を先に描く。　　　　　　　　B．底は横をもとにして描く。

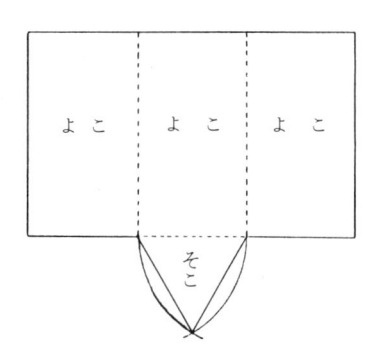

問51　動きを楽しむとびだすカードを工夫させたいのですが，切り込み方や，折り方をいろいろ教えてください。つくらせ方のポイントもおねがいします。

カードの仕組み

とびだすカードには，1．ふたつに折ったカードを開いて，絵を立体的に立ち上がらせるものと，2．閉じた状態から開くにつれて，変化する絵の動きを楽しむものとがあります。

動きを楽しむカードの仕組みも幾通りかありますが，3，4年に適したやさしい仕組みは，ふたつに折ったカードに切り込みを入れ，カードの中心の折り線と交わる角度に折ってつくったものです。カードの両端を持って開いたり閉じたりすると，切り込んだところがパクパクと動きます。

切り方と折り方

カードをふたつに折ったままで，切り込みを入れ，しっかり折り目をつけてから，開いてきちんと折りなおします。

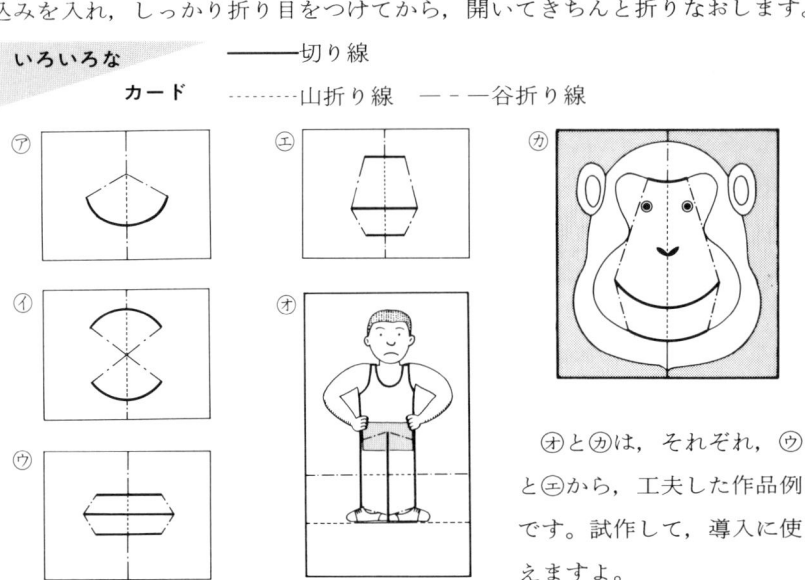

いろいろなカード

―――切り線
・・・・・・山折り線
－－－谷折り線

㋐
㋑
㋒
㋓
㋔
㋕

㋔と㋕は，それぞれ，㋒と㋓から，工夫した作品例です。試作して，導入に使えますよ。

高学年の問題

- 絵　　画 ……… P. 152
- 版　　画 ……… P. 183
- 彫　　塑 ……… P. 190
- デザイン ……… P. 196
- 工　　作 ……… P. 201

> **問① 見て描く基礎的な力をつけてやりたいのですが，どんな題材が適当でしょうか。**

どんな題材を選ぶのか　教科書に出ている見て描く絵の題材は，たとえば，鉢植えのシクラメン，彼岸花など，季節を感じたり，美しい色彩を表現するにはよいのですが，思いつき的な並べ方が多く，学年ごとには系統づけられていないようです。また，シクラメンや彼岸花などは花のしくみが複雑で難しすぎます。

題材は，やはり，やさしいものから難しいものへ，単純な形から複雑な形へ，平面から立体へと系統だてて選ばなければなりません。

色？　形？　子どもが集中する点をはっきりさせるためには，対象をできるだけ少なくし，また何をねらうのか，色なのか形なのかを決めておきます。

たとえば，色を学ぶ題材なら，「めざし」（あやめ，雑草）などがあげられます。めざしを1匹，白い紙にのせて，白画用紙8つ切$\frac{1}{2}$に鉛筆で薄く下描きして彩色します。

背の色と腹の色との違いを見て，混色で色をつくります。色は点描の要領でひと筆ずつおいていきます。頭と尾は筆の動きを工夫して描きます。光って見えるところは，白い絵の具をつけて，光をあらわします。

形を学ぶ題材には，身近なものとして，手，靴，レンガなどがあります。（問5参照）

鉛筆をもつ手

高学年の問題―絵　画

> 問② 鉛筆で下描きした立木に色をつけると、べたぬりになってしまいます。どうすれば立木らしさが出るのでしょうか。

どんな木を描きたいのか
自分は、その木の何を描きたいのか、すっと伸びている感じだろうか、木肌のまろやかさだろうか。逆にごつごつした感じだろうか。その描きたいものによって、色のつけ方は異なってきます。

その木特有の色を
下絵に木肌の感じ、自分のあらわしたいものを考えながら色をつけます。眺めたり、思い出すだけでなく、実際に手で触って、木肌を確かめながら描いていきます。ポプラ、イチョウ、サクラなど、その木独特の木肌を表現します。

色は一色をスッとぬってしまうのではなく、少しずつ変化した色があるのを見つけます。また、木には筋がついているものが多く、そのはいり方が木によって異なります。そうしたこまかい点にも注意を払いながら、少しずつ色をおいていきます。

木の独特の色合いの他に、明暗の変化によっても色は異なってきます。ですから、絵を描く場合には時間を決めておきます。午前と午後では光の方向が全く違ってしまい、木の色も違ってくるからです。陰の色、明るく光のあたっているところの色の変化も見ながら、色をつくり、ひと筆ずつおいていきます。

色は必ず試し紙（使用している用紙と同じものを小さく切った紙）で色を確かめてから画面においていきます。

立　木

> **問3** 服のやわらかな感じをだしたいと思って描かせてみたのですが，うまくいかずに困っています。どうすればよいのでしょう。

子どもの描き方　子どもの描いた輪郭線だけの服に，「しわもあるでしょう。よく見て描いてごらん」というと，多くの子は，硬い直線に近いしわを2，3本入れてきます。子どもにとって，服のしわを，特に人が着ている服のしわを描くのは，案外難しいものです。

光と影でできるしわ　そこでまず服が描かれている画家の絵を数枚みせるのも方法の一つです。「写真みたい」と驚く子どももいます。その服のしわはどんな描き方がしてあるかをときあかす話しあいをします。明るく光っているところ，中間のところ，暗いところがしわには描かれています。光と影でできる服のしわは，輪郭線1本で描けるものではありません。つぎに実際の服のしわがどうなっているのかを見ます。たとえば机の上に自分の左腕をのせて，ひじをまげると，ひじのところにしわがたくさんできます。明るいところ，中間のところ，暗いところができているのが確かめられます。

　見てわかったら，描いてみましょう。机にのせた腕はそのままにして（左ききの子は右腕です），画用紙8つ切$\frac{1}{2}$に鉛筆（B〜2B）かコンテを使って描きます。服はできるだけ明暗を見つけやすい，白っぽい，模様のないものにします。綿のブラウス，毛糸のセーター，トレーナーなど素材によってもしわのでき方は違います。鉛筆の持ち方，筆圧，方向を考えながら描きます。

服のしわ

高学年の問題―絵　画

問4　学校の中で絵になるような場所があるでしょうか。どんな場所を描けばよいのか教えてください。

身近な場所へ目を向けて　概念にとらわれずに学校の中を見まわしてみると――ひんぱんにいききする廊下，階段，昇降口。友だちが帰ってしまってガランとした教室。校庭の隅でわずかにゆれているブランコ。高くそびえるイチョウ，ポプラ。レンガ造りの焼却炉。いくらでも見つけだせます。

透視板を使って　休憩時間は人が多く，見つけにくいので，授業時間中に数人のグループにわかれて，探した方がいいでしょう。たとえば，つぎにどこを描くのか決めたら，どうしてその場所を描こうと思ったのか，何をどんな感じで描きたいのか（ねらい）をお互いに発表します。友だちの発表を聞いて，描くところを変更してもかまわないでしょう。そして，いよいよ描くとなると，どこからその対象をとらえるかが，重要です。同じ場所でも視点によって，ずいぶん雰囲気が違ってくるものです。そこで，はがきを使ってつくった透視板（透明なビニール下じきでもよい）を使います。正面からとらえるだけでなく，ななめからとらえて奥行きをあらわしてみましょう。

（透視板）
はがきにたこ糸をとめてもう1枚のはがきをはりあわせる。
1cm～5mm

階段

> 問5　身のまわりにあるものをとりあげようと思い，靴を描かせてみたのですが，形がうまく描けない子が多くいて困っています。どう描かせればよかったのでしょうか。

靴の何を描くのか

靴を1足，眼の前において，「さあ，描きましょう」といわれると誰しもとまどいますから，たとえば，はじめに，自分の靴を見ながら，気がついたこと，思ったことを作文に書いてみます。今までのはきぐせがついて，しわがよっていたり，汚れがついて片方だけがすり減っていたりします。こうした自分の靴を，どう表現したいのかをはっきりさせることがまず大事です。

構　　図

下図の靴の絵は，ななめ横からと正面上方からとらえています。描かれた靴を見ていると，外出から帰って，急いでぬいだままの靴，雑にそろえられた靴のように見えます。靴は置き方や見る角度によって，ずいぶん見え方が違います。自分の靴を描くには，どんな置き方にして，どの角度からとらえるのかを考えます。

構図が決まったら，画用紙8つ切に描きます。やわらかい鉛筆かコンテを使うのは，線のやわらかさや強弱の工夫のためです。

立体としての靴があらわせるようにするには，たとえば靴の長さと高さの割合をつかむために，うすく直方体を描き，その中に靴を描きいれてもよいでしょう。

ひも靴 ①　　　　　　ひも靴 ②

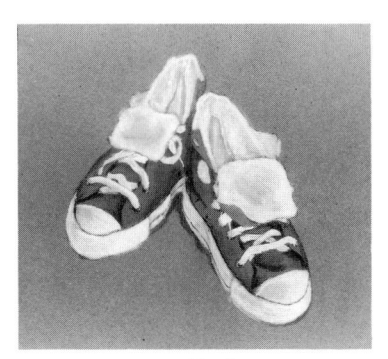

高学年の問題―絵　画

> **問6**　学校からの帰り道，夕暮れの美しさに心がひかれました。この感動を子どもにも描くことで味わわせたいと思います。どう指導すればいいでしょう。

絵になる風景

夕暮れはどこにいても四季をとおして美しく，詩情をさそうものです。夕暮れを描くには，夕焼けの美しく変化する空と，暮れなずむ地上風景とのコントラストをとらえることがポイントになります。

しかし，秋の陽はつるべ落としともいわれますが，夕暮れどきは秋に限らず，5分もするとまったく変わってしまいます。その場で色をつくっていたのではとても間にあいません。また，学校が終わった後の時刻ですから一斉指導も困難です。

観察をいかして

そこでまず，毎日の夕暮れの空を観察することからはじめます。観察した雲の様子，空の色，まわりの景色の変化をノートにことばで書きとめます。できれば2週間ほど続けます。

その記録したノートを見ながら夕暮れの色を思いおこして，色をおいてみます。用紙は白画用紙8つ切$\frac{1}{4}$ぐらいで十分です。これは色の練習ですから，何枚も納得いくまで描きます。また黒板にはり，友だちの色も参考にしていきます。

それと並行して描きたい場所は空を画面に適当にとりいれて，昼間にスケッチします。

さらに建物の色が，夕暮れどきにどう変化するか（黒っぽくなる）も確かめて，彩色します。

夕暮れ小風景

問7 友だちの顔を描かせると、マネキンのような顔になってしまいます。自然な表情をだすにはどうすればいいのでしょうか。

表情を見つける

いつもいっしょに遊んでいる友だち、机を並べている友だちの表情やしぐさを見ていて、「あ、あの子らしいなあ」というものを見つけ出しましょう。そして、作文を書いて、自分はその友だちをどう思っているのか、自分自身の心情を探っていきます。

「乱暴な子に見えるけど、本当は、やさしいところがあって、いい奴や」といった感じ方ができていれば、そのやさしさがあらわれるのはどんなとき か、表情のどこにあらわれるのかを見つけます。

どう描くか

子どもは、顔といえば、鼻を中心にして左右対称に描く傾向があります。そこで、特に注意したいのは、右ほおと左ほおとの見え方を確かめることです。

ななめから見ると、自分に近い方が広く、鼻からむこう側の方は狭く見えます。同様に、鼻の形、目の形も正面から見た場合とでは、違っています。

このあたりを子どもたちとの話しあいで、明らかにします。

つぎに、輪郭が薄く描けたら、目を閉じて、自分の顔を手でゆっくりとなぞっていきます。でっぱりとくぼみがわかります。

そして、友だちの顔を見て（触ってみてもいいです）、自分と同じところででっぱったり、くぼんだりしているのを見つけます。くぼんだところは暗く、でっぱったところは明るく、陰影をつけます。

友だちの顔

高学年の問題―絵　画

問⑧　道のある風景を描かせると，平らな道なのに坂道のようになってしまいます。何か良い方法を教えてください。

道を描くとは　道のある風景は道だけではなく，道をふくんだ空間をどう感じ，表現するかが大切です。ところが，子どもの絵は道だけを見ているため，画面上方に上がり，両側の風景は左右に開いてしまいます。道を題材にして遠近法を学ばせましょう。

指を使って　わたしたちの感覚では，遠い近いは認識できますが，子どもたちは遠くのものは小さく見えている，ということには，必ずしも気づいていません。

たとえば，道のある風景写真の道幅を定規ではかってみると，手前が広く向こうにいくほど狭くなっているのがわかります。

つぎに実際に道に立って，片目をとじて，左手親指とひとさし指とを広げてＬ字をつくります。道幅をはかってみると，手前の道は広く，向こうの道は狭いことがわかります。

また，道の両側をどう描くかも大切です。木や電柱，かきねなどは横にねないで，まっすぐ立っていることを確かめなければなりません。

透視板を使って描くと，よりとらえやすく，描きやすくなります。

（問4参照）

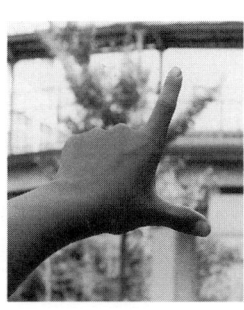

　　Ｌ字　　　　　　　　道のある風景

> **問9** 玉ねぎ，じゃがいも，ピーマンなどの野菜を描いてみたのですが，その野菜らしさがでてきません。どうしてなのでしょう。

見せ方の工夫

　　　　ただ「野菜を描こう」では，おもしろ味がありません。
　たとえば，箱の中に玉ねぎ，じゃがいも，ピーマンを入れて，子どもからは見えないようにしておきます。箱の中に手をつっこんで，何が入っているのかを当てるゲームなどをします。

比較して違いを探す

　　　　それぞれの野菜の形や色の特徴は，比べて見せるとわかります。さきのゲームの場合でいえば，正解がでたら，どうしてわかったのかをだしあえば，その野菜の特徴がわかってきます。

　ピーマン……皮が厚い。つるつるして光っている。

　じゃがいも……形がでこぼこしている。ざらざら，ごつごつしている。

　玉ねぎ……皮が薄く，かさかさしている。中はみずみずしい。

といった特徴があげられます。そこでその形を描き，さらに陰影等を考えて描いていきます。

　ピーマンは光の反射がきついので明暗をはっきりと，じゃがいもはほとんど光っていない，玉ねぎはその中間といった具合です。

　また，3種の並べ方（構図，構成）も大切です。こうした野菜や果物を題材にした静物画は，構図の学習にもなりますので，どんな並べ方をしたら画面にまとまりがでるのか，安定感をだすにはどうすればいいかも工夫してみます。

玉ねぎ，じゃがいも，ピーマン

高学年の問題―絵　画

問⑩　友だちを描いて彩色しました。うまく描けたのですが，バックをぬったら絵の感じがすっかり変わりました。どうしたらよかったのでしょうか。

画面の統一性について　大事なのは，リアリティー（ほんとらしさ）です。その友だちを表現するために，そのバックがあるわけです。

ふつう友だちの絵では，教室の窓や黒板，壁などを背景として描いています。もちろんバック全面に色をつけている場合もあります。

いずれにしても，バックはつけたしではなく，その人物を表現するための要素の一つです。

ですから，どんな友だちとして表現したいのかを考えなければいけません。人物を描いてからバックを描くと，どうしてもちぐはぐな感じになってしまうので，構図を決める段階で，はじめからバックも考えます。

色も同様に後から色をつけるのではなく，人物の彩色と同時に薄く着彩していき，色調をととのえながら濃くします。

ある程度できれば少し離れたところから見て，目が自然に人物に集まるように工夫します。

色画用紙を使って　人物を描くことがねらいであれば，無理にバックを描こうとしなくてもよい場合もあります。特に描写力が十分でないときには人物そのものに集中させます。

まわりが白いままでは気になるなら，人物を切り抜いて色画用紙にはりつければよいでしょう。

友だち

> 問⑪ 教室の窓から見える景色を，遠い近いの感じがでるように描きたいのですが，失敗しないで描ける方法を教えてください。

思いこみで描かない　子どもたちは，見えるはずのないものを描いたり，遠い近いにかかわりなく，家は小さく，ビルは大きくといった思いこみで描いてしまいます。

描く前に景色を見ながら，つぎの要点を確かめておきます。

① 見えたものだけを描く。（見えないものは，見えないままでよい。）
② 身体をずらしたり，立ったり，かがんだりして描くと，視点が移動してしまうので，視点を定めたら，動かずに描く。（座ったら，その姿勢をくずさない。）
③ 風景には近景・中景・遠景があるので，この違いを表現する。

窓枠を使って　透視板を使う方法もありますが，窓枠を使う方法では，つぎのようになります。

風景画は，どこまでもつながっている空間の一部をとりだしたものですが，窓枠から見た風景では，窓枠によって空間が区切られることになります。ですから，風景ははるかにとらえやすくなります。

その窓枠をまず画用紙に描きます。

そして，その枠によって区切られた一つの空間の中に見えるものだけを描きます。描けたら，つぎの空間に見えるものを描きます。

そうすれば，窓枠のさんが，長さや大きさをはかる尺度になるので，おのずと遠い（小さい）近い（大きい）が描かれることになります。

教室から見える風景

高学年の問題―絵　画

> **問12**　ガラスコップの形は描けるのですが，**無色透明なのでそれ以上どう描いてよいのかわからなくてとまどいます。どう描けばよいのか教えてください。**

透明なものを描くとまどい　　合理的，分析的に物を考えはじめるこの学年頃の子どもたちは，透明なものなら，すけて見えるものを描けばいいと思いこむようですが，大事なことは，ガラスの質の感じをどうあらわしたらいいかです。その質は一口でいえば，光沢の違いです。光沢の違いは，明暗を描きわけることで表現できます。

質感を表現する　　できる限り，まわりから物をとりのぞくため，黒い紙を敷き，後方や横も黒い紙で囲み，その上にコップをのせます。すると，まわりの物がすけたり，反射して見える量も少なくなるので，描きやすくなります。

　ガラスコップは形が単純なだけに，かえって輪郭のゆがみが目立ちます。それで時間をかけて，形（輪郭）を描かなければなりません。

　つぎに質感の問題です。ガラスコップを見ていると，ピカッと光るところがあります。それが一番明るい部分です。ガラスコップは，ごく一部の明るい部分と，そうでないところを描きわけるのが，コツです。用紙は白い画用紙を使います。

　また，たとえば青系統の紙を使って，白い絵の具で光を描く（面相筆使用）方法もあります。

ガラスコップ

問13　ボール投げをする友だちを描きましたが，動きの感じがでている絵になりません。どうすればよいのでしょうか。

構図を考える

　まず，構図が大事です。ボールを投げる人と受ける人との緊張感があらわれるように，人物の配置を工夫します。2人の形を切り抜いて，画用紙の上に置き，最も緊張感のあらわれる位置と大きさを工夫します。

ポーズをつくる

　学級の子どもから2人を選び，皆の前でモデルをしてもらいます。

　ボールを投げようとする人，受けようと身構える人にどんな動きがあらわれるのかを見つけだします。たとえば，振り上げた腕，踏みこんだ足，重心が前にかかる，腰をおとし腕を曲げ，手を開いて構えるなどが見られます。

　ところが重心の移動など，とても長時間モデルをしていられません。そこで，モデル人形を使い，典型的な形をつくります。

クロッキー，デッサン

　動きはその勢いを表現します。ですからこまかい形や輪郭にこだわらず，身体の中心を描いていかなければなりません。コンテや筆などを使い，背骨の線，足の線を見てサッと描き，それに少し肉づけをしていきます。何枚でも描き，動きをとらえます。

　また，動きの表現では形の誇張も必要です。モデルをそのまま写すとどうしても止まった感じになってしまうので，描いた作品を見て，ここを誇張すれば動きがでるのではないかと考えて，試してみましょう。

ボール投げをする人

高学年の問題―絵　画

問14　高学年でぜひとりあげたいお話の絵の題材と，そのねらい，指導のポイントを教えてください。

題材選択の視点　お話の絵の題材は，まず第一に子どもたちの心をゆり動かし，人間性を豊かに育てるものでなければなりません。第二に，そのお話の内容が造形的課題と結びついているものを選びます。

　たとえば，過酷な労働を強いられた明治の女工の生活をとりあげた『野麦峠』（山本茂実・作）でいえば，お互いの体を綱でつなぎ，祈りながら命がけで吹雪の峠を越えていく工女の表現が必要になります。この場合，この命がけの状況をどう描きあらわせばいいのかが，造形的課題となります。

　吹雪の激しさ，冷たさ，山の高さなどがどうすれば表現されるかです。また，ここで降りしきる雪はどんな雪だろうか。それをたんなる自然の雪としてではなく，工女やその家族の生活を苦しめ，破壊する重みをもったものとして，表現しなければなりません。

　こう考えながら描くことで，子どもはさらにお話に迫っていくのです。

雪の峠越え（野麦峠）　　　　　　　　夕　鶴

問15 色の使い方，色の技法について教えてください。

重色について　　　2，3色の色を混ぜ合わせて，色をつくることを混色といいます。どの色をどれくらい混ぜれば，どんな色ができるかを知って使いこなしていくものです。

　高学年では，混色に加えて「重色」も学びます。4色以上を混色すると，色の鮮やかさが消えてしまいます。そこで絵の具の透明度を利用して，深みがあり，しかも鮮やかな色をつくる技法が「重色」です。

　たとえば，黄と青を混ぜると緑になりますが，混ぜないで，まず黄をぬって乾かしてから青をぬり，2色の重なりで緑を出すこともできます。

重色のポイント　　重色するときのポイントは，
　① 下にぬった色が完全に乾いてからつぎの色をぬる。
② 同じところを何度もこすると，下色が溶け出してしまうので，あまりこすらない。
③ 重ねるときは，明るい色の上に暗く濃い色をぬる。

重色だけで絵をつくるのは，子どもにとって難しい課題です。したがって一般には混色と併用します。

ぬり方　　色のぬり方は，ねらいと描く対象によって工夫しなければなりません。

① ウォッシュ——広い面を均一にむらなくぬる技法です。水彩画では，最も多用されます。大きめの筆で，薄くといた絵の具を素早くぬります。
② にじみ——絵の具を薄くといて，大きめの筆でたっぷりとぬります。絵の具が紙にある程度吸収されたところで，乾ききらないうちにつぎの色をおとします。するとにじみができて，偶然の混色効果も得られます。
③ ぼかし——水で紙をぬらしておき，濃い色から淡い色へと少しずつ変化させます。

「つゆの空」を描く場合，このにじみ，ぼかしの効果を十分にいかします。空や土など，色の境がついて困るところもこの方法でぬるとしまが残りません。

高学年の問題―絵　画

> 問16　お話の絵を描くと，2時間ぐらいでパッパッと描いてしまう子が多くて困ります。長い時間でも飽きずに描かせるこつを教えてください。

絵は主体的に　　長続きしないのは，子ども自身に今，何をしなければならないのか，このさきどう描きすすむのかの課題や見通しが明らかでないからです。お話の絵に限らず，絵はいやいや描くものではありません。子ども自身が納得するところまで，主体的に描きすすめるものです。そのためにも，課題をはっきりさせなければなりません。

絵の課題　　絵を描いていくための課題には，つぎのようなものがあります。

①　主題をとらえて，場面を選ぶ――このことが最も大切です。子どもはともすると思いつきで描いてしまいます。思いつきや気まぐれでは意欲は持続しません。何のために描こうとするのか，主人公の気持ち，たとえば悔しさや悲しみ，怒りを表現したいといったねらいをはっきりさせます。

②　画面づくりを工夫――羅列的な表現ではなく，よりリアリティーや緊張感のある画面づくりを工夫します。（問18参照）

③　デッサンを重ねる――資料や画集調べ，モデルになりあうなどして，対象をリアルにとらえます。

④　彩色――色の出し方，筆の使い方などを工夫します。

また，授業の始まりにその日の課題をはっきり示します。課題や見通しをいつも明確に持って，描くことが大切です。

川とノリオ

問17 昔話の絵を描かせると，主人公の姿や形が現代的になってしまいます。このまま描かせていいものでしょうか。

実際の色や形から学ぶ　子どもが現代的な表現をするのは，おとなに比べて知識や経験，体験が少なく，イメージが固定されていることと，自分はこのために，この絵をこう表現したい，だからこんな方法でという方法（描き方）がわからないためです。しかし，お話を読んで，これを表現したい，これを描くんだと感じ考えた，その自分の表現したいものが，時代が欠けたり，場所がぼやけたのでは，あらわしたいものもあらわせないことになります。また，登場人物の姿は，たんにその人にとどまらず，実は時代や場をも示しますから，可能な限り考証しなければなりません。

調べることで絵が深まる　たとえば，『野麦峠』（山本茂実・作）では，雪の野麦峠を越える場面を選んだ子どもの課題は，命がけで峠を越える危険を表現することです。そこで，雪の厳しさ，山の険しさを知るため，資料を集めます。当時，どんな着物を着て，どのように雪や寒さから身を守ったのかも調べねばなりません。映画のパンフレットなどを持ちよって，教えあい，考えます。

また，「工場で働く工女」を描く子は，当時の労働のようすから調べます。仕事の内容，労働時間，環境，宿舎などを調べ，その過酷な労働の状態をつかみます。そして，当時の着物，まゆひきの道具，機械などを見つけ，描きます。

汗にまみれ，過湿の中で過酷な労働を強いられ，そのため，多くの工女が結核におかされていった状況を描くには，どうしてもその時代の服装，設備などを知らねばならないのです。

まゆひき（野麦峠）

高学年の問題―絵　画

> 問18　高学年でのお話の絵の構成の指導は，どうすればいいのでしょうか。

画面づくり　絵を描くには，あらかじめ，どんな画面をつくりたいのか，その構想ができていなければなりませんが，小学生の場合は，いきあたりばったりに画面をつくってしまいがちです。途中でおかしくなっても，描き直すのが面倒でそのままにしてしまい，自分にとっても不満足なものに終わってしまうことも少なくありません。

はり絵の利用　そこで，初歩的，基礎的にも，はり絵の方法を使います。

たとえば，ガンと隼とじいさんの登場する『大造じいさんとガン』（椋鳩十・作）の場合を見てみると，子どもたちのほとんどは，ガンと隼の戦いの場面を選びます。

ここでは，残雪というガンの頭領と隼の戦い，逃げて行くガンの緊迫した空間をどう表現するのかが，課題の一つになっています。

そこで，それらを色画用紙に描き，切りぬき，画用紙の上において，操作しながら，考えます。

ガンや隼はあまり上の方においては，かえって空が狭くなります。操作をくり返しながら，奥行きをあらわすには，小さく描けばよいことにも，気づいていきます。

また，空だけでなく，その他に山や沼をどういれるのかも，画面構成には欠かせない課題です。実際の山や沼，写真や絵も参考資料にして描きます。

大造じいさんとガン

問19 お話の絵で主題にそった雰囲気をだすためには，どんな彩色の方法があるのでしょうか。

お話の絵の色　ことばや文章と違って，絵画は，形や色で心情や主題を表現します。

しかし，実際の色は，心情をあらわすものではもちろんありません。それはただ，参考になるにすぎません。とはいえ，自分の思いこみで色をつけてよいものでもありません。

実物の色や形を知った上で，主題をつくる色を見つけていかなければなりません。

彩色で雰囲気をだすためには，こんなことが考えの中にあるわけです。

色づくりを工夫する　例を『よだかの星』（宮沢賢治・作）にとると，主題は，たったひとりで太陽に向かって飛び続け，ついに死んでしまう，よだかの悲しみです。

形だけで主題を表現するのが困難なこの題材では，当然よだかの悲しみは，色と空間で表現されることになります。それだけに，どんな色をつくるのかが，大きな課題です。

そこで，たとえば8つ切$\frac{1}{4}$の画用紙に色だけで，よだかの気持ちをあらわす工夫をしてみます。黒・青・紺・茶・紫などの色，その色のぬり方，ぼかし方，混ぜ方の工夫で，さまざまな空を描いてみます。

つぎに，仕上がったら，黒板にはって，どの色が一番悲しみを感じるのか，どんな描き方をしているのかを，見せあい話しあいます。

また，鑑賞（おとなの絵，子どもの絵）も雰囲気を学ぶには必要です。

よだかの星

高学年の問題―絵　画

問20　お話の絵を描かせると，主題とはまったくかけ離れた場面を描く子がいるのですが，そのまま描かせてもよいのでしょうか。

何を描くのか
　クラスには主題とは何の関わりもないことがらやようすを描く子が少数はいるものです。なぜ，その場面を描いたのかとたずねると，自分の好みにあうとか，これならうまく描けるとか，前に見た風景（物）で一度描いてみたかった，というような子が多くいます。

　しかし，子どもの描いた場面を尊重して，どんな場面でも認めるのが自主性の尊重とはいえません。見直さなければならない第1点はここです。

場面を選ぶ
　つぎに，なぜ主題からかけ離れた場面を描く子がいるのかを考えると，お話の読みとり方に問題があるようです。子どもがお話の中へ入り込んでいないか，あるいは主題のとらえ方を誤っているのです。

　それでお話の場面を決めるとき，まったく個人にまかせてしまうのではなく，学級全員での話しあいなどをとおして，個々の子どもたちの主題を明らかにしなければなりません。これが第2点です。

実際の指導
　実際の指導では，①　まず画用紙8つ切$\frac{1}{2}$にサインペンで自分の描きたい場面を描きます（1次絵）。——サインペンで描くのは，教室の後ろから見ても輪郭がはっきりするからです。裏にそこを選んだ理由を書いておきます。

　②　全員の1次絵を黒板にはります。そして，なぜその場面を選んだのかを発表していきます。なかに，表現したいものと場面とがちぐはぐになって，表現したいものがはっきりしないものがあれば，どうすればねらっているものがよりわかりやすく表現できるのかを話しあい，ちぐはぐをただします。

　この話しあいをとおして，子どもの考え方や選んだ場面がぐらついてくることもありますが，そこでも納得し，自分のねらいをはっきりつかむまで，何枚でも描かせます。時間もたっぷり与えましょう。

　この段階で自分の描くものに確信がもてれば，子どもは自らの意志と意欲で最後まで描きとおしていくものです。

> **問21** 教科書にゴッホの作品が鑑賞教材としてのっていますが、どのように鑑賞させればいいのでしょう。

鑑賞のとりあげ方

何のために子どもたちに名画といわれる絵を鑑賞させるかといえば、その絵の中に作者の生活、思想、願いがこめられていて、子どもたちにそこまで踏みこんで読みとってほしいと願うからです。しかも、それは表現することと結びついて読みとる必要があります。

どんな作品を

ところが教科書では、技術のみにかたよっているものが多く見られます。たとえば、ゴッホの『ラ・クローのかり入れ』がとりあげられ、指導書を見ると、遠近の描き方を学ぶとあります。ゴッホの作品は数多くあります。鑑賞教材として選ぶ視点は、技術のみならず、人間的感動をよぶものであることが必要でしょう。ゴッホには、「靴」「馬れいしょを食う人々」など内容にかかわって学べる作品がたくさんあります。また、デューラーの『野うさぎ』『祈る手』も感動を与えます。

私たちは子どものおかれている現状にあわせて、何を学ばせたいのかをまず第1に考え、そのために作品を選んでくるわけです。ただ教科書にのっているから見せておこうでは、子どもの力にはなりにくいでしょう。

作品を鑑賞する場合、その画家の他の作品や、どこで生まれ、何をしていたのか、その作品が生みだされた背景等もあわせて教えます。それを知ることで、作品の読みが、ぐっと違ってきます。

祈る手（模写）

高学年の問題―絵　画

問22　物語の絵の協同制作をしたいのですが，はじめてでどうしてよいのかわかりません。初歩的なことから教えてください。

協同制作とは　協同制作によって，一人ではとうていできないような作品でも，皆で考え高めあいながらつくりあげることができます。主題が深く追求され，技法もみがかれます。また，子どもたちのつながりもより深まっていきます。それだけに作品を完成させた喜びも大きいというものです。

協同制作のすすめ方　6～8人でのグループ制作を一例にしますと，①　お話を読んで，1次絵を描きます。（これで子どもの描こうとするねらいやイメージを知ります。）画用紙8つ切$\frac{1}{4}$くらいにおおまかに着色します。裏には自分のねらいと実際に描いてみて困ったことを書き，自分の課題を持つようにします。②　つぎに1次絵をもとにして，主題と場面との関係について話しあいます。（1次絵の段階では思いつきで描いてしまう子も多いので，「えっ？」と首をかしげたくなるような絵もでてきます。そこで，何のためにどう表現したいと思っているのか，主題ともあわせて再考させます。）③　1次絵と同様にしてもう一度描きます。この絵は話しあいを通っているので，真剣さが表現にあらわれます（2次絵）。④　2次絵をもとにグループにわかれ，そこでさらに深く話しあい，グループとしての下絵を描きます。学級全体で1枚の絵にしてもよいのですが，人数が多すぎると紙も大きくなり，一人ひとりをいかしきるのが難しくなります。（版画やはり絵なら大人数でも比較的取り組みやすくなります。）⑤　さらにこまかい描写について話しあい，着色します。

この過程が，協同制作の一般的なすすめ方です。

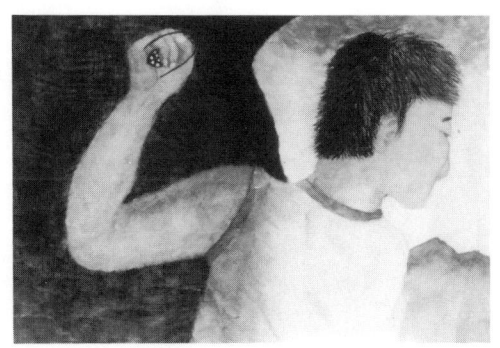

あるハンノキの話（グループ）

173

問[23]　私の学校では8月6日に登校し，平和を考える日としています。子どもたちに絵を描かせることで，戦争や平和について考えさせることができるでしょうか。

絵を描く前に

子どもの大半は，戦争は遠い昔のことで，自分たちには関係ないと思っています。まず，この考えを砕くために，たとえば聞きとりをし，発表します。自分たちで資料を調べ，当時の生活をイメージしたり，戦争の悲惨さを新聞にしたりします。また，被害者の立場だけではなく，中国侵略，強制連行などをとり扱い，加害者としての面も考えさせます。

戦争を扱うことは，たんに戦争にとどまるものではありません。強い者が正しいという力の論理のまちがいを知り，弱者の立場で考える感性を身につけることです。

描くことによって

下の絵は『あるハンノキの話』(今西祐行・作)ですが，これを例にすると，原爆で焼かれた人たちのようすがまず描く上での課題になります。傷の形，皮膚の色，たれさがった皮をどう描くか，どんな表情だろうかを考え，話しあいます。色と形で，イメージがつくられ，その人の痛みが，描くにつれ自分の身にせまってきます。同時に，その人の気持ちも考え，そこから表情をつくります。強制連行でつれていかれる人の姿を描きながら，なぜ，こんなことをされなければならないのかという怒りがわき，同時に自分が日本人としてこれからさきどうあるべきかも考えていきます。

あるハンノキの話

高学年の問題―絵　画

> **問24**　友だちとのつながりの大切さを絵で表現したいと思っているのですが，どんなことに注意すればいいのでしょう。

友だちを描くこと　　友だちを描くのは，描き手の友だちに対する思いや，かかわりが深められることを願うからです。

描く中で子どもたちの友情が育っていくような題材は，学級の子どもたちの現状の中で見つけられます。

たとえば，卒業をひかえて「友だちを感じるとき」を例にあげれば，このねらいは，卒業していく子どもたちが，友だちと自分とのつながりを再認識することにあります。

それは，何か特別なときではありません。日頃の出来事や生活の中にあります。

6年間をふりかえって　　6年間の学校生活で，あるいは家に帰ってからの生活で，友だちとけんかしたこと，うれしかったことなど，一番心に残っている出来事をひろいだし，作文に書きます。

その中でも，特に描いておきたい友だちとのつながりを絵に描きます。描いていて感じた友だちのようすや表情を書きとめていきます。こうしてお互いにモデルになって描くうちに，お互いをさらに深く知っていきます。

絵に描くには，2人のつながりや，なぜ描こうとしたかのねらいを誰にでもわかるように描く必要があります。人物の大きさや向き，空間のとり方，バックに描くものを考えます。

下絵ができたら少し離れて見ながら，修正していくとよいでしょう。

友だちを感じるとき

> 問25　町の生活を描かせたいと思います。何をとりあげて，どのように描けばよいのでしょう。

わたしたちの町を見つめる　わたしたちの町を描くことで，何の気なしに住んでいる自分たちの町を見つめなおす機会にします。わたしたちの町には，どんな店があり，工場があるのか，どんな喜びがあり，困ったことがあるのか，その中で人々がどんな生活をしているのかを改めて考えます。

取材とスケッチ　「私たちの町はどんな町といえるでしょうか」とたずねてみると，静かな町，にぎやかな町，工場が多い，緑豊か，好きだ，あまり美しくないなど，いろいろな見方が出てきます。

そこから話しあいをしていくとどんな町といえるのかから，どんな町を表現したいのか（テーマ）がいくつかにしぼられてきます。

そこでたとえば「店」なら，何を売っている店が何軒あるか，仕入れの方法，どんな人が買っていくか，何時ごろがよく売れるか，労働時間はどれぐらいか，仕事していてうれしいことつらいことはなにかなどを取材します。

取材と同時にスケッチも重ねます。少なくとも3枚ぐらいは見る位置や時間を変えてスケッチしておきます。教室ではこのスケッチをもとにして描きます。

取材や絵を描くことを通して，町の人たちや生活に直接ふれ，子どもたちは自分たちの町への認識を深めていきます。

町のくらし

高学年の問題―絵　画

問26　家の仕事を描かせたいのですが，昔と違って会社勤めの人が多くなり，家で親の働いている姿は見えません。今はもう，この課題は無理でしょうか。

家の仕事をどうとらえるのか　変わるもの（現象），変わらないもの（本質），その中でどこで親の仕事や生活をとらえさせていけばよいのでしょうか。

　一つの方法として，仕事から帰ってきた父母の姿を追い続けることから，その仕事の具合や父母の願いを読み取るといった取り組みが考えられます。

　仕事から帰った父母がどんなようすなのか，どんな話をするのかを日記に書きとめておきます。それをクラスで発表します。

こたつの中での父母　木枯らしの吹く季節では，家族の皆が必ず集まってくる，こたつをとりあげることもできます。

　父母のようすを日記に書いて追っていくと，皆同じようなようすであることに気づきます。

　こたつに入って，ちょっとひと休みといって眠ってしまう。あるいは，ゴロッと寝ころんでテレビを見ているのかと思い，話しかけてみるが返事をしてくれない。――こういう父や母をどう見，どう思うのか文に綴らせ，絵に

こたつの中の父母 ①

描くと,「粗大ゴミ」といった冷たい見方は消えていき,なぜすぐに眠ってしまうのだろうかを考えるようになります。

　毎日,詳細に父母の表情を観察し,同時にスケッチもしていくと,

　「お母ちゃん,最近しわが増えてきたなあ。」

　「お父ちゃんの顔をじっと見ていたら,白髪が多くなっているのに気がつきました。はっとしてよく見たら,しわも多くなっていました。」

　「こたつに入ってお父さんはパチンコゲームをしているけど,その顔はゲームを楽しんでいる顔じゃなくて,何か考えこんでいる。どうしたんかな。会社で何かあったんやろうか。」

などといったように,描くこと,書くことによってわかってきます。

　したがって,色についても同様に,人間の皮膚の色は皆同じという概念的な描き方をしていた子どもも,毎日父母の顔の色を見ることで,自分の父や母の顔色を表現しようとします。

　「お父ちゃんの手の色がなかなか出せなくて,いらいらしていた。……一生けん命がんばって顔に汗がうかんでくる頃に,やっと色が出せた。」

というように,自分の大切な父を表現しようとする姿勢に変わってきます。

　こうして直接に父母の働く姿を見なくても,その仕事や願いを思いやり,家族の一員として自分のできることは何かを考えられるようになります。

こたつの中の父母 ②

高学年の問題―絵　画

問27　教科書に「ある日のこと」という題材があります。描かせてみたいのですが，具体的には何を描かせればいいのかわかりません。

日頃の暮らしの中から

ある日の出来事というと，何か特別なこと，特に印象に残ったことといったとらえ方をしがちです（たとえば，遠足やどこかへつれていってもらったことなど）。しかし，それではちょっとした思い出を残しておくだけのものになってしまいます。特別の出来事ではなく，なんでもない毎日の暮らしの中から，ある日の出来事を見つけ出し，自分の生活を見つめ直す機会にしましょう。

帰り道

日頃の暮らしといえば，家，学校，地域などの暮らし，また，朝，昼，夜でわけてもいろいろ考えられます。その中で授業を終えて帰る道すがらのことも，「ある日のこと」です。友だちとけんかしたこと，先生にしかられたこと，仲直りしたこと，遊んだことなど，さまざまな出来事がそこから浮かんできます。

これを描き，こまかい状況を思い返してみるとき，あらためて友だちのやさしさがわかるものです。

描くときは，位置関係が課題になるので，はり絵を使って，構成を工夫します。人物を切り抜き，画面において，どんなおき方にすればよいか，どれほどの空間をとればよいかを考えます。

帰り道 ①　　　　　　　　帰り道 ②

問28 冬のくらしをテーマにして描かせたいのですが，何を描かせたらよいでしょうか。また，どう描かせたらよいでしょうか。

季節の移り変わりを描く　日本は四季の移り変わりがはっきりしています。人々は季節の変化をからだにとりこんで，生活してきました。「冬のくらし」は，自然と人とのくらしの結びつきをとらえるよい機会です。

寒さを見つける　たとえば，冬の街角や野道でバスを待つ人をよく見かけます。この人々を描くには，寒さをどうあらわすかが中心の課題になります。

ことばでは「寒い」ですむことでも，絵画表現では，なかなかやっかいです。寒さそのものは，目で見えるものではありません。何かのものを通して目に見えてくる寒さを探るしかありません。

そこでたとえば，毎日の登下校時，友だちやおとなの人が，どんなようすで歩いているのかを観察します。バスを待ってじっと立っている人のようすも，ノートに書きとめます。コートのえりを立てている，ポケットに手をつっこんでいる，背中を丸めて，肩をすぼめているなどが見つけられます。

そこで，子どもたちから出た，こうした寒さの形を動作化してみると，より確かになります。また，寒さの表現には，色の工夫が重要です。より寒さが感じられる時刻はいつごろか，そのときの周囲の色はどうなっているかも観察し，記憶し，表現しなければなりません。

それは，おとなの絵の鑑賞とあわせると，わかりやすくなります。

バスを待つ人

高学年の問題―絵　画

問29　卒業をひかえて，自画像を描かせようと思っています。どのように計画して指導すればいいのでしょうか。

生い立ちを書く　卒業をひかえて，6年生までの自分の生い立ちを絵や文に記録することで，自己を振り返る機会をつくってやりたいものです。

まず，生い立ちを書き，自画像に入ります。

たとえばはじめは，「ひょうきんな私」「明るい私」を描きたい，あるいは「スキーに行って楽しかったこと」を描きたいなどといっていた子どもたちも，この取り組みで果たしてそれが本当に自分の描きたいものなのかと自問自答をはじめます。そして，そんなものは描くにたらない内容だとわかるようです。

そこで過去の出来事，現在の自分，これからどう生きていくかなどを思いえがきながら，自画像を描いていくのです。

表情をあらわす　自画像で重要なのは，何よりもその表情です。何かをうったえかける目，くちびる，眉，手の動き，あるいは身体全体から表情が生まれてきます。

鏡を見て，どんな表情を描きたいのかを考えます。顔だけではなく，上半身が画面に入るようにします。

用紙は着彩するのか，鉛筆やコンテなどで描くのかによって，違ってきます。線描なら色画用紙を使うと，バックの処理に悩まず，自画像のみに集中できます。

自画像

問30 こまかい指示をしていかないと，子どもが遊んでしまいます。子どもたち自身のこととして，絵を描いていくようにならないものでしょうか。

見通しをもって描く　　少し描いては，「先生，これでいい？」。指示を与えると5分もしないうちに，また「これでいい？」と持ってくる子がいます。それは自分の描いた絵に対する自信がないためでしょう。

自信を持たせる方法は，いくつかあります。ほめること，叱ることはもちろん，その一つですが，たとえば，自分であるいは仲間とともに絵を描くなかで綴る制作ノートも，子どもたちが主体的に制作をすすめるのに効果のある方法です。

制作ノート　　一人ひとりにB5判ぐらいのノートをもたせます。絵を描いた後の10分ほどを使って，今日どんな意図でどこを描いたか，うまくいったところはどこか，失敗したのはなぜか，つぎはどうしていこうかを記録していきます。

絵を文章で表現するのは難しいので，その日の略画を描きそえ，そこに矢印などをつけ，ここはこうしたからねらい通りにできたとか，こっちはこの色とこの色を混ぜて，こんなタッチでぬりたいといったように，ノートに記録します。記録し，読みかえすことで，その時間ごとのめあてをはっきりさせて，制作をすすめていけます。

また，幾人かの制作ノートをみんなの前で紹介すると，学級の子どもたちの見方や考え方を深めることにもなります。

制作ノート

高学年の問題―版　画

> **問[31]** 版画は白黒のコントラストの面白さにあるといわれていますが，具体的にはどんな彫り方をさせたらよいのでしょうか。

**白黒の版の　　　　　**木版を，子どもたちに好きなように彫らせていくと，
　　あらわし方　ほとんどの場合，彫ることの面白さにひかれて彫りとりすぎてしまいます。

　黒く残すところと，白く彫りとってしまうところの割合を，下絵の段階から計画して彫りすすめていくことが大切です。

版画の彫り方　　　版画は，白と黒で表現するしごとですが，その白と黒
　陽刻と陰刻　のあらわし方について，一般につぎのような彫り方に分けられています。

　○陽刻……ものの形をあらわす輪郭線にあたる部分を残して彫っていくような彫り方で，全体に彫りとるところが多い版のあらわし方になります。

　絵でいうと，線描きを主にした表現のしかたになります。昔の浮世絵版画の一番基本となっているところの彫り方です。

陽刻

　○陰刻……ものの形をあらわす輪郭線にあたる部分を彫り込んでいくような彫り方で，結果として，黒く残るところが多い版のあらわし方になります。

　ものの面や輪郭にわずかな彫り込みを入れるだけの彫り方で，もののようすをあらわすのに必要なところだけを彫りとっていきます。

陰刻

　○陰陽両刻……陽刻と陰刻の両方を取り入れた彫り方もよく使われます。

子どもの版画　　　子どもの版画表現は，とくに初期は，陽刻よりも陰刻
　表現では……　の方法で彫っていく彫り方，むやみに彫り込まないで必要最小限の彫り方で彫っていく方がよいと思います。

問32 生活を題材に木版画を彫らせようと思います。どんなことを，どのように彫らせたらよいでしょう。

題材を掘り下げる

生活の中から題材を選ぶとき，何をとりあげるかを考えることが，まず大切なことです。たんなる子どもの身のまわりに起こった現象をとらえるというのではなく，その現象の裏側に秘められた真実，自然や社会のきびしさやあたたかさ，人間の喜びや悲しみ，怒りなどにふれ，それを深めていくような題材でなければなりません。

右の作品は，親たちの戦争体験の聞きとりからはじまります。

そして戦争が，どんなに人間を歪め，つらく悲しい思いをさせてきたかを，描くしごとをとおしてとらえさせていきます。

聞きとりは，親たちが，どんな体験をしてきたのか，その事実を探りだし，それを文にまとめます。親たちの体験の事実の裏側には，人間としての強い願いがあります。子どもたちは，それをテーマとして何枚もの下絵を描き，検討を重ねて表現を深めていきます。

防空壕

作品の鑑賞と版の彫り方

上の作品は，空襲のさ中，必死の思いで防空壕に逃げ込んだときの恐ろしさと戦争の悲惨さを，反戦の思いを込めて彫り上げたものです。表現したいことを強調するために，必要なところだけを最小限に彫っていく彫り方で彫り上げています。

子どもの作品に限らず，おとなの作品もふくめて，子どもにいい作品を見せて，版画の彫り方を学ばせましょう。

作品の鑑賞は，作品の表現しようとしている内容の読みとりが大切ですが，どのような画面の組み立てで，どのように彫り込んでいるかをとらえていくことで，主題が何かをつかみます。主題のはっきりした作品を見せましょう。

> **問33** 版木に紙をのせて刷りとらせたら，きれいに刷り上がりません。どんなことに注意して刷らせたらよいのでしょうか。

版画の作業過程の中で，最後の段階の刷りとりは，版画の仕上げのしごととして大切です。

版画の紙とその扱い方

版画を刷りとるために大事なのは，刷りとる紙の質とその扱い方です。

○紙——版画を刷りとる紙は，どんな薄手の紙でもインキの吸い込みの悪い紙は使わないようにしましょう。版画には，版画用の和紙（市販されている）を使います。インキのつき方が極端に違ってくるからです。

○しめり気をふくませる——版画を刷る前の日に，霧吹きで1枚ずつしめり気を与えておくようにします。（注，乾きすぎないようにすること）

しめり気をふくんだ紙だと，版木にしっとりとなじんで，刷り上がりが鮮やかになります。

また，厚手の紙の場合，紙を1枚ずつ水に軽くひたして重ねていき，最後に重ねられた紙を新聞紙で包んで，上に画板をおいて，その上に重しをおきます。こうして一晩おいておきます。

霧吹きをする

版画の刷りとり方

1. 版木の上に紙をおくときは，版と紙の位置に気をつける。
2. バレンを使うときは，紙を版に重ねたら，まず版木の中心から外に向かって，ゆっくりとすりつけ，紙を固定してから，円を描くように全体を刷りこむ。
3. おおかた全体を刷り込んだら，片方の手で紙を押さえ，隅の方から紙をそっとはがして刷りのようすを見る。（刷りの薄いときは，ローラーでインキをつけて刷る。）
4. バレンは手のひらでこするように押さえて刷り込む。

紙を固定する

> 問34　版画を協同制作でさせたいと思います。どのような手順や方法ですすめたらよいでしょうか。

　協同制作では，何を彫るかから，下絵をどう描き，彫りすすめて刷り上げるか，みんなで話し合うための時間は惜しまないことです。

下絵を描くことで主題を深める　はじめは，それぞれが個々に絵を描いたり，文でまとめたりしながら，それをグループでつき合わせ，話し合い，考え合いながら，描く主題となるものを探り出していきます。

　そして，それをあらわす場面や情景を，誰かが描いた絵をもとにして描き上げていきます。

作業の分担とすすめ方　主題がみんなのものとなって下絵ができたら，作業をすすめていく上で，つぎのどちらの方法をとるか決めておかねばなりません。

　　A．版木全体をみんなで彫って刷り上げる。
　　B．版木を人数分に分割して，それぞれが部分を分担して彫り上げ，それをつなぎ合わせて刷り上げる。

作業分担のしかた

版木の大きさを決める　子どもの人数やグループ構成の上から，版木の大きさを決めます。高学年であれば，5，6人から10人前後のグループで，畳1帖分くらいの版木に取り組ませる場合もあります。

版木の彫り方と途中の指導　彫りのしごとをすすめるときは，①　どこを，どのように彫っていくかを充分に話し合わせます。

　これは，上の作業のすすめ方A，Bいずれの場合でも大切ですが，Bの場合，彫り方の統一が難しいので注意しましょう。②　彫りの途中で，何度もみんなで全体の彫りのようすを確かめ合わせます。また，子ども同士の彫り方の学び合いも充分にさせましょう。

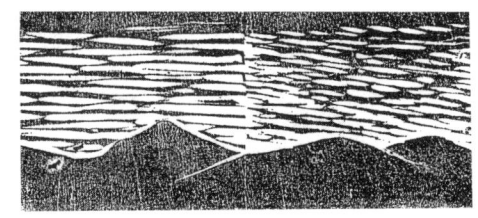

彫り方の統一

高学年の問題―版　画

> **問35**　ドライポイントの下絵を描かせたら，輪郭を1本の線で描いただけの下絵になりました。どのように指導したらよいでしょうか。

　ドライポイントやエッチングは，主として線描による精密描写のしかたで成り立っています。したがって，ドライポイントをとりあげるのなら，そこに重点を置いた指導とならなければなりません。

線による精密描写

　ものごとをこまかにとらえて描写するには，もののようすを明暗や陰影でとらえて描くことです。

　ものそのもののもつ固まりとしての面や量感を，ドライポイントは明暗や陰影でとらえ，線でこまかに描きだすしごとです。だから，下絵の段階から鉛筆やペンによる精密描写が必要になってきます。ものを見て，立体的，空間的に存在するもののようすを，明暗や陰影でとらえて描写するしごとからはじめます。

　たとえば，バケツやりんごを描く場合，およその輪郭を描いて，そのもののふくらみやくぼみの光の当たり具合によって，明るいところと暗いところを見分けて，暗いところに線を入れて描きます。その場合の暗さの度合いを，線の強弱や線の重なりの多い少ないで描きます。

明暗，陰影の線の描き方

　また，2，3個の玉ねぎやじゃがいもなど，ものの重なりや空間的なようすを線で描くようなしごともさせてみましょう。重なっているものの陰影の違いや，空間の明るさの違いをとらえて描くしごとです。

重なりや空間を線で描く

　生活や物語を描くようなときは，目の前に具体的な対象がなく想像して描くしごとになりますが，そのようなときでも，かりの具体物，人物であれば，友だちのだれかの姿やポーズを借りて，明暗や陰影でとらえて描きます。

人物を線で描く

> **問36** ドライポイントをさせたいと思います。どんな原版で、どのように刷りとればよいのか教えてください。

ドライポイント用原版の種類

ドライポイントの原版には、次の2種類があります。

A．透明な下敷きのようなビニールの原版

これは、その下に下絵を固定して、ニードルで下絵の線をなぞっていくようにすればよいので、しごとがしやすいといえます。（右は、ビニール版で刷りとった作品）

B．表面をビニール加工した厚紙の原版

これは、軟らかい鉛筆などで、下絵を原版に直接描いて、ニードルやデザイン用カッターで線を入れたり、表面をはぎとったりして版をつくっていきます。

銅を鋳る
（歴史画「大仏づくり」から）

インキの刷り込み方，拭きとり方

ビニール製の原版は、表面が硬いので、ニードルで引いた線のくぼみにインキを刷り込むのも簡単ですが、拭きとるときに、刷り込んだインキがとれやすくなります。ダバーで、ねじ込むようにインキを刷り込むようにしましょう。

表面をビニール加工した厚紙の原版は、インキを刷り込むときに、下の厚紙の部分にインキがしみ込んでしまうので、多めに刷り込むようにします。

とくに、はぎとって広い面になっているところへの刷り込み方に注意しましょう。拭きとりは、ビニールの表面にあまりインキが残らないように拭きとります。

ダバーのつくり方

下のように厚手の木綿の布（ぼろ布でもよい）で作ります。

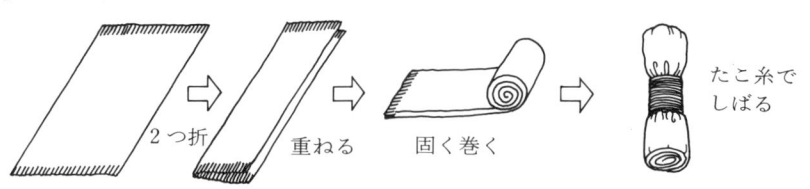

2つ折 ⇒ 重ねる ⇒ 固く巻く ⇒ たこ糸でしばる

高学年の問題―版　画

> 問37　ドライポイントの原版をプレス機にかけて刷りとらせたのですが，すっきりと刷り上がりません。どのようにしたらよいのでしょうか。

ていねいに注意深く原版にインキをつめさせても，プレス機のかけ方が悪いときれいに刷り上がりません。原版をプレス機にかけて刷りとる前に，必ず，先生が一度はプレス機を扱ってみて，その機械の特徴や性質をつかんでおくようにします。とくに，上下のローラーの圧力のかかり方に注意して調整のしかたをつかんでおきます。

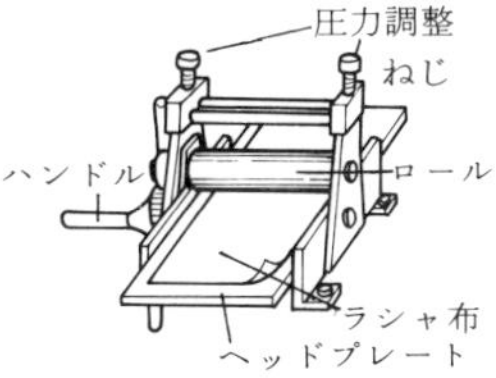

プレス機のかけ方

1. 鉄板（ヘッドプレート）が中央にくるようにして，両手でねじを調整する。平均に圧力がかかっているかどうか，ハンドルをまわして確かめる。
2. ありあわせの版をのせて空刷りし，プレートマークの左右のつき方を比べてみる。（ここで圧力のかかり方を見る。）
3. 回転ハンドルをまわして，それが動かなくなったらフェルトをめくり，プレートの中央に見当紙をのせ，その上にインキのついた版をのせる。
4. しめらせた紙をその上にのせ，フェルトを静かにかぶせる。（紙がずれたり動かないように。）
5. 回転ハンドルは，途中で止めずにゆっくりと最後までまわしていく。
6. 回転ハンドルが止まったらフェルトをめくり，その刷り上がり具合を見る。（もし刷り上がりが薄いようなら，原版や紙をそのままにしてもとのようにセットし，逆に回転ハンドルをまわして2度刷りをしてみることもできる。）
7. 終わったら，圧力をもとにもどしておく。（そのままにしておくと不調の原因になる。）

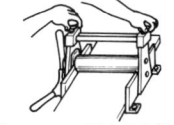

エッチングプレス機

①ロールの圧力を調整する
②原版を置いて紙をセットする 
③ハンドルをゆっくり回す 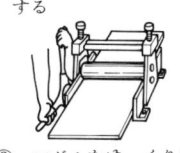
④刷り上がりのようすをみる 

プレス機のかけ方

問38 粘土で，カボチャなど野菜をつくらせようと思います。指導の手だてを具体的に教えてください。

オーソドックスな方法で カボチャをよく見てつくるようにいいますと，「わあ，難しいな」という答えが返ってきます。サツマイモやジャガイモですと，外観に適当な変化があって特徴をとらえた表現がしやすいのですが，カボチャやピーマンなど，凹凸が非常に複雑なものは，表面を視角的になぞるだけでは土台になる形を見つけることができず，「難しい」と感じる子どもが多いのです。

低・中学年のように，粘土を丸めて基本形をつくり，凹ませたりつまみ出したりして変化をつけるというやり方では，メリハリのない作品になってしまいます。高学年では，まず土台になる形をしっかりとつくり，よく観察しながら粘土をつけていくというオーソドックスな方法をとることです。

カボチャの観察 1．カボチャを手に持って，手ざわりと重さを感じとらせる。2．表面を手と目でなぞり，まずざらざらした小さな凹凸を確認させる。3．大きなうねを指でなぞらせ，土台になる基底部から盛り上がってできていることを発見させる。4．小さな凹凸や大きなうねをとってしまった土台になる形が，歪んだ球状であることに気づかせる。

カボチャの制作 1．粘土の塊りで土台になる形をつくらせる。2．土台の形に，ちぎった粘土をつけ，大きなうねをつくらせる（中心に向けてひねりつける感じ）。3．おおまかな，ひきしまった塊りの感じに，全体の形をととのえさせる。4．粘土を小さくちぎって，うねにつけ，小さな凹凸をつくっていかせる。5．へたをつけ，細部を修正して完成。

指導のポイント 1．土台の形が勝負どころ。2．粘土をつけるのは，指先でしっかりと。3．表面の凹凸をならしてしまわない。

カボチャ

高学年の問題―彫　塑

> **問39**　粘土で彫塑や工作をさせるとき，粘土が軟らかすぎたり，途中で硬くなってきたりして困ることがあります。どのようにすればよいでしょうか。

使いやすい軟らかさ　粘土は軟らかすぎても，硬すぎても使いにくいものです。よく「耳たぶくらいの軟らかさが，いちばん使いやすい」といわれます。事実そのとおりで，一般的にはその位の軟らかさが手にべとつかず，塑造にも成型にも，最も適しています。しかし，つくるものの大きさや，つくり方（技法）によっては，少し軟らかめの粘土や，硬めの粘土の方が使いやすい場合もあります。あらかじめ，試作して確かめておくことが大切です。

軟らかすぎるとき　粉粘土に水を加え練ってつくるときでしたら，粉粘土と水の量で加減できますが，困るのは市販の練った粘土を使うときです。ビニール袋から出したとき，手にべたつくくらい軟らかいようでしたら，小さくちぎらせ，少し時間をおいてから，まとめて練りなおさせるとよいでしょう。粘土は，空気に触れる面積が大きいほど，早く硬くなり，また，よく練れば練る程硬くすることができます。吸水性のある石膏板の上で練れば，より効果的です。

硬すぎるとき　ちょうどよい軟らかさに練っておいても，作業中，ぬれ雑巾をかぶせて養生しておかなかったりすると，硬くなって困ることがあります。このようなときは，小片にちぎってビニール袋に入れ，水を注いでから余分な水を捨て，適当な時間をおいてから，袋に入れたままでよく練ると，軟らかくすることができます。

また，粘土は，手で触れると水分をとられ，体温の影響もあって，つくっているうちにも硬くなってきます。表面にひび割れがでてきたりしたときは，柔らかくしぼったぬれ雑巾をかぶせて，しばらくそのままにしておくことです。表面に適当なしめりけが戻るのを待って，同じように雑巾でしめらせた手で，作業をつづけるようにします。粘土に直接水をつけて濡らすようなことをしないように，注意してください。

問40 友だちの表情をとらえた頭像をつくらせたところ，仰向きで後頭部のない作品がかなりありました。なぜこのようになったのか，よくわからないので困っています。

彫塑の基本をおさえて

理由として，1．机上に作品を置いて，見おろした姿勢でつくった，2．始めに，きちんとしたデッサンをしなかった，3．荒づけの段階で，全体の形をしっかりつくらなかった，4．正面から見た顔や，細部の表現にとらわれすぎた，などが考えられます。

表情に重点をおいた場合は特にこのような情緒的な表現に陥りやすいので，

1．作品は必ず自分の目の高さで見ながらつくる。
2．前後，左右，上下，斜め，いろんな角度から見てつくる。
3．荒づけに時間をかけ，しっかりした土台をつくってから，目，鼻，口などの細部に入る。
4．時々，作品から離れて全体の形を確かめる。

など，彫塑の基本をおさえてつくらせるようにしてください。

頭像の制作

1．どんな表情をつくるか，ねらいを決める。
2．正面と側面のデッサンをしっかりする。
3．デッサンの中心に心棒の骨組みを描きこむ。
4．台板と角棒で心棒をつくり，しゅろ縄を巻く。
5．デッサンを基に粘土をつけあらましの形をつくる。
6．いろんな角度からよく見て全体の形をととのえる。
7．前から見て顔の中心を，横から見て耳の穴の位置を決める。
8．額，鼻，頬，口もとなどに，おおまかに粘土をつける。
9．髪の毛，耳，唇など，細部の肉付けをして仕上げる。

指導のポイント

1．時々，1m位離れた所から，全体の形を確かめさせる。
2．仕上げの段階で，表面をつるつるにしないように，特に，注意したい。

頭像

高学年の問題―彫　塑

> **問41**　木の板に，友だちの顔の浮き彫りをさせています。目，鼻，口もとなどが説明的な線彫りで，立体感が出せない子には，どのように助言するとよいのでしょうか。

浮き彫りと線彫り

　浮き彫りは，完全な立体であらわす丸彫りと比べると，絵に近い平面的な彫塑です。表面の高低と面の傾き，凹凸で生まれる光と影で立体の感じをあらわします。彫刻刀で輪郭を彫っただけの線彫りでは，立体感は生まれませんから浮き彫りとはいえません。

　浮き彫りでは，顔や目，鼻，口などあらわしたいものの周りを彫りとり，表面に傾きや丸みをつけて影になるところをつくることで，それらが立体的に浮き出て見えるようになるのです。

　浮き彫りは，丸彫りを平らに圧縮したものだといわれますが，むしろ，影で立体を感じさせる技法だと考えた方がわかりやすいでしょう。

　このことがよくわかっていないと，子どもにわかるようにやさしいことばで説明したり助言したりすることができません。

指導のポイント

1．板の周囲を額縁状に残すと板の反りが少ない。
2．顔の輪郭は地山（底）と直角になるように彫る。
3．地山の厚さは板の厚さの$\frac{1}{2}$位がよい。
4．目，鼻，口などの輪郭は，切り出し刀で彫ってから，他の刀を使って仕上げるようにする。
5．深く彫れば立体感が出るとは限らない，彫りとる角度で立体感が生まれる。
　（急な角度で彫った側が，緩やかな側よりも手前にあるように，出て見える。）
6．目は，まぶたを閉じた状態に彫っておいて，後から切り出し刀で切り開くようにするとよい。
7．なるべく，斜めから同じ角度の光線があたる所で彫らせるように配慮する。

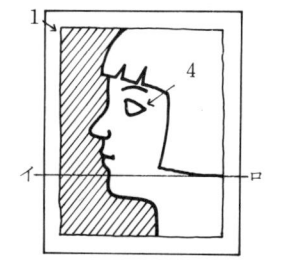

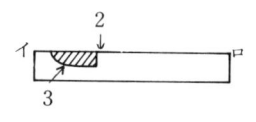

問42 発泡セメントの角柱で、生き物（ウサギ）を彫らせたのですが、質感が出しにくいのでうまくいきませんでした。どんな素材を使えばよかったのでしょうか。

題材と素材　発泡セメントはもともと建築用材として生まれた多孔質の素材です。軽く、軟らかで、加工しやすいので彫塑材料としてよく利用されていますが、脆くて欠けやすく、肌がザラザラしているので、写実的な細かな表現や質感の表現には適していません。

彫塑の素材には、木材や石材などの自然材をはじめ、石膏・珪藻土・樹脂などを成型した人工材がいろいろありますから、それぞれの特徴を調べて、題材や表現のねらいに適したものを選ぶことが大切です。

素材の特徴　写実的な表現に適した、比較的加工しやすい素材をあげておきますから、参考にしてください。

○石膏・珪藻土などの角材……軟らかく、緻密で、細かな表現のできる人工材です。水に浸しておいてから作業すると、彫りやすく、削り屑の処理も楽です。用具は、おおまかに形をつくるのには古いのこぎりか鉄工用のこぎり、作業の大部分は彫刻刀などでよいでしょう。

○樹脂の角材……いろいろな商品名で、次々と新しい素材が開発されています。木材に似た粘りと加工性の良さで、教材としては、自然材より優れたものもありますから、教材カタログなどで、題材に適したものを探してみてください。用具は石膏角材と同じようなものを使用します。

○石材……彫刻刀程度の用具でも彫れる自然石として白彫石などがあります。石膏角材より緻密で石肌が美しく、重量感もありますから魅力的な素材です。ただ、自然石ですから形や大きさが不ぞろい、人工材に比べるとやや硬くて加工に時間がかかる、大きさの割に価格が高いなどが問題点です。用具は彫刻刀の他に専用工具もあり、鉄工用のこぎり、やすり、ドライバーなど、必要に応じて工夫すれば、表現の可能性が広がります。

○木材……楠(くすのき)、桂(かつら)、檜(ひのき)、朴(ほお)など、木材は木肌の美しさ、適当な粘りなど優れた点が多いのですが、価格と用具や技術的な面で問題があります。

問43 彫塑作品の見方と評価のしかたに自信がありません。どのように考えて評価すればよいのでしょうか。

作品だけでなく 彫塑の作品は，教師が指導した，子どもの表現活動の結果です。芸術作品ではありませんから，たんに作品のできばえだけを評価したのでは，図工の評価（教育評価）とはいえません。

表現活動には，必ず「何を」というねらいをもとにした題材や，造形課題の設定と，「何で」という素材，「どのようにあらわすか」という方法・技術をともなった制作活動があり，完成した作品については「どう見るか」という鑑賞活動があります。

図工の授業では，この題材設定から制作・鑑賞にいたるまでの全過程で，指導する側（教師）とされる側（子ども）の相互関係の中で活動がすすめられます。ですから，指導する側のその授業に対する自己評価（反省）を基盤にすえた上で，授業の全過程をとおしての子どもの活動とその結果について，

1．ねらいをきちんと受けとめ自分のものとした上で題材を設定しているか。
2．素材の性質や特徴を理解して制作活動をすすめているか。
3．意欲的に取り組んでいて，工夫や努力が見られるか。
4．題材や造形上のねらいがうまく表現できているか。

などいろいろの角度から総合的に見て評価するようにしたいものです。

彫塑作品の見方 作品のできばえだけに限っていえば，量感・動き・つり合い・空間・質感など，彫塑の造形要素をもとにして分析的に見る，また，それらが総合され調和して確かな存在感や立体感を感じさせるかを，総合的に見る，この二つの見方が必要です。

なお，彫刻に限らず芸術作品の鑑賞・評価では個人的な好みや考え方など，主観が大きく作用しますが，図工作品の場合は指導過程の中で設定した題材のねらいや，造形上のねらい，技術的な目標を評価の観点・尺度とすることで，できる限り客観的な評価に近づけるように配慮したいものです。

> 問44 しきものを織るための木枠をつくらせましたが，説明図に縦糸を
> かけるくぎの間隔が書かれていません。それに一定の幅に織れずに
> だんだん細くなってしまいます。どうしたらうまくいくでしょうか。

縦糸の間隔　縦糸がたこ糸で，横糸が毛糸とかひもの場合，縦糸を通すためのくぎの間隔は 6～8mm がよいでしょう。5mm より狭いと横糸が織りこめない場合があります。

木枠の上下（右図の A，B）に 3mm の方眼紙をはると，6mm ごとに目盛りを見てくぎが打てます。

織りのコツ　右の図は，わらばん紙 $\frac{1}{2}$ 大の大きさの枠を組んだものです。横糸（箸に巻きつけた）を同じ幅に保ちながら，櫛などで織りこみます。よくある失敗は，織っていくうちに幅がだんだん細くなることです。それを防ぐには，つぎのような方法があります。

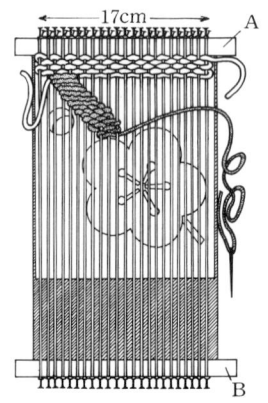

A，B に方眼紙を貼る

① 横糸の幅を決めて，その幅が保たれているか気をつけます。
② 竹ひご 2 本を横糸の両端の木枠に固定します。こうすると，ひごの強さで横糸をひっぱりすぎるということは少なくなります。

織りはじめ，織り終わりの縦糸は，5cm 残しておきます。縦糸の始末のためです。

織り終わったら，縦糸の端からとなり同士の縦糸を 2 本いっしょに玉結びにして，織りおわりの始末をします。

織りはじめの方も同様です。

しまに織るには，横糸の色を増やしたり，横じまの幅に変化をつけます。

高学年の問題―デザイン

> 問45　和紙の折り染めをしたいのですが，ありふれた四角折りしか知りません。もっと変わった折り方や染め方を教えてください。

　折り染めは，冊子や文集の表紙によく使われます。びょうぶ折りは，正方形とか正三角形にたたんで染料をつけ，開くともようがあらわれる，変化があって失敗の少ない紙染めの方法です。

　紙は障子紙か，なければ習字半紙でよいでしょう。

正三角形折り

①　図1を参考に，縦をびょうぶ折りにします。
②　イ，ロを底辺とした正三角形になるよう，終わりまでびょうぶ折りにします。

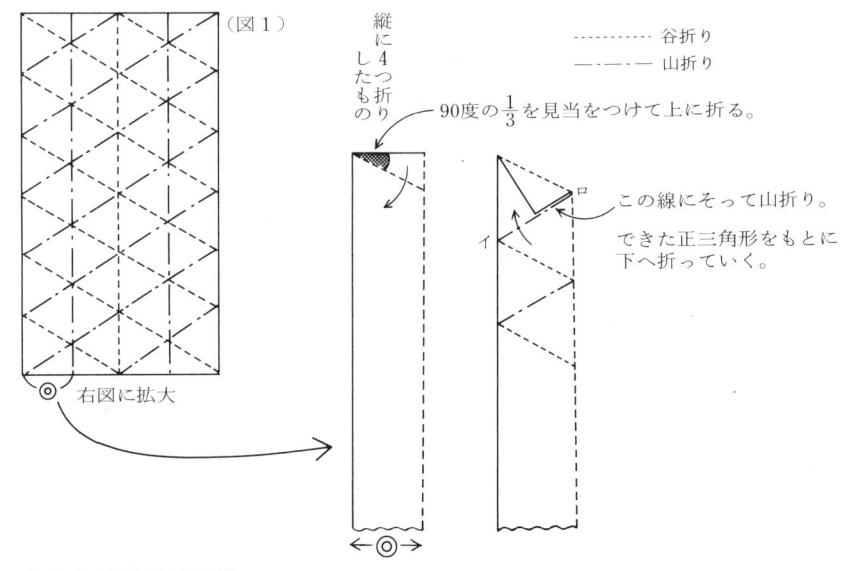

（図1）
縦にし4たつ折のり
90度の $\frac{1}{3}$ を見当をつけて上に折る。
.... 谷折り
—・—・— 山折り
この線にそって山折り。
できた正三角形をもとに下へ折っていく。
右図に拡大

紙を染める

　染料は，和紙用の染料（シリヤス染料，反応性染料など）を使います。反応性染料には，水でとけば使えるものがあります。適当な濃さをみつけてときます。三角形の頂点を染料液につけて染めてもいいし，染料の水を少なく濃くといて，3つの辺に色が線につくように染める方法もあります。

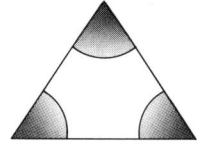

麻の葉折り

① 図3の①から折りはじめます。縦をびょうぶ折りにします。
② 縦折りのつぎは，谷折りに横に折ります。
③ 対角線を谷折りにします。
④ 斜線の部分を山折りにします。
⑤ 終わりまで，④の折りをします。
⑥ 折りをきちんとすると，⑥のような二等辺三角形になります。

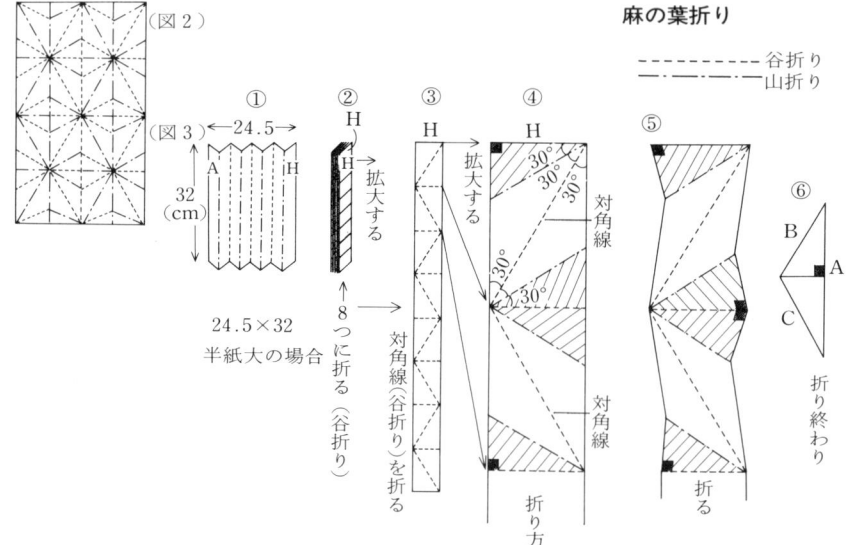

麻の葉折り

（図2）

（図3） ←24.5→

① 32(cm)

24.5×32 半紙大の場合

② 8つに折る（谷折り） 拡大する

③ 対角線（谷折り）を折る 折り方 拡大する

④ 対角線 対角線 30° 30° 30° 30°

⑤ 折る

⑥ B A C 折り終わり

------- 谷折り
—・—・— 山折り

辺を染める

麻の葉のもようをきれいに出すためには，染料を濃くして，平らな容器に少し入れます。深く入れすぎると辺につく染料が太くなりすぎます。せいぜい1mmくらいの太さの線に染まるようにします。色止め剤（染料店で市販）を吹きつけて，表紙などに活用します。1mmより太くつけない

高学年の問題―デザイン

問46 文集をつくったのですが，とじの方法が難しくてわかりません。簡単で保存のきく，丈夫なとじの方法を教えてください。

とじ方・テープの貼り方のコツ　とじには，三つ目とじとか四つ目とじなどがありますが，背表紙の上下がよくいたみます。

そこで，幅広（5cm幅）の丈夫な製本テープを背表紙に使い補強します。

文集などは，とじる前に背表紙になるところをカッターで断ち落としてそろえます。簡便なのは，三つ目とじです。

1. 図1のように三つ穴をあけ，たこ糸かボタン糸のような丈夫な糸を，毛糸針かたたみ針で裏から番号順にかけていきます。

　　①は裏から針を通しています。最終は⑩で裏を通り，⑪のところでさしはじめの糸と裏で結びます。結び方は，ま結びです。結び目は，木槌でとんとんと打って平らにしておきます。

2. テープを貼る（製本テープという名で，黒・赤・黄・緑・青の5色が市販されています）。

　　テープはアクリル粘着剤が裏に塗布してあり，裏紙をはがして使います。裏紙には切れ目が幅の中央に入っています。

　① 本の縦の長さをきちんと測り，はさみでテープを切ります。
　② 裏紙を半分はがし，表紙と裏表紙が同じ幅になるよう表からさきに貼ります。
　③ つぎに残りの裏紙をはがし，裏表紙を貼ります。

　　これで背表紙は十分に保存に耐えます。

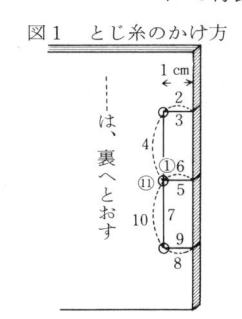

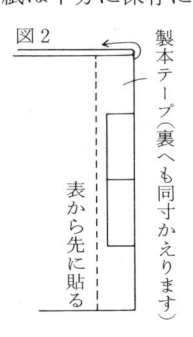

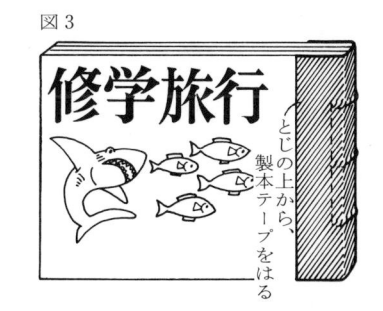

図1　とじ糸のかけ方

図2　製本テープ（裏へも同寸かえります）表から先に貼る

図3　とじの上から，製本テープをはる

> **問47** ポスターを描く場合，テーマにぴったりの図柄を決めることが難しいのですが，どんなヒントや手だてがあるでしょうか。

映像をヒントに　たとえば，本，新聞，雑誌に出ている写真を探して参考にするのは，一つの解決法です。すぐにその場で図柄を決めることは無理なこともあるので，図書の時間などに，図柄になる写真を探します。

たとえば「子どもの顔」（かがくのとも『いろ　いろ　いろ』118号，福音館，辻村益朗）は，ポスター・テーマ例「外国の子どもと友だちになりたい」というテーマに使いたい図柄の写真です。

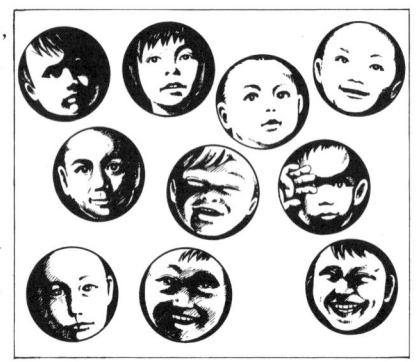

① この中の子どもたちと，教室で勉強したい。
② この中の子どもたちと，スポーツしてみたい。
③ この中の子どもたちと，ボウリングにいきたい。
④ この中の子どもたちと，劇や踊りをしたい。

テーマ例「子どもの顔」

などの場面が浮かんでくれば，そのイメージにしたがって，それをもとにして絵に仕上げたり，切り絵にします。

図柄に仕上げる　A．絵に描く
　顔はできるだけ写真を見て精密描写し，からだの動きやその他はフェルトペンで描き，図柄にします。

B．二つ折りの切り絵
　二つ折りの折り山に，つなぎをつけて切ると，二人組みの踊る人が切れます。切り抜いたあと，写真の中の顔，髪型を描きます。びょうぶ折りを多くして，横の連続もようを長くすることもできます。

手をつないだ子ども

問48 木工で箱をつくらせたところ，板がまっすぐに切れないのと，くぎがうまく打てないのとで組み立てに困りました。良い工夫がないものでしょうか。

のこぎり使いの基本と工夫

まっすぐに切るための，のこぎりの基本的な使い方は，肩や手先の力を抜いて，体の真ん中で構え，のこぎりと木材が垂直かどうかよくわかるように，のこ身を真上から見ながらゆっくり切ることです。しかし，曲がらないようにまっすぐ切るのは，おとなでもなかなか難しいことです。片手引きせずに，友だちと助け合ったり，万力を使ったりして両手で引くなど，切る方法を工夫すれば少しはうまく切れます。

また，小幅の板や角棒を直角にまっすぐ切るときは，当て止めを使うのも一つの方法ですが，切り枠をつくって使うようにすれば，少々腕がわるくても正確に引くことができます。

なお，作業以前の問題として，のこぎりの刃先が鈍っている，のこ身が曲がっているなど，手入れがわるく，切れない道具を使っているのもうまく切れない原因ですから，注意したいものです。

くぎの打ち方

のこぎりの使い方，かなづちの使い方，くぎの打ち方など教科書には一応のっています。それでも，うまくいかないのが実状でしょう。習うより馴れよで，基本をおさえたら，習熟する機会を多くするのが最善ですが，そうもいっておれない場合もあります。「キリを使わぬカチ割り大工」ということばは，くぎ打ちで，板が割れたり，くぎの先が板の外に飛び出したりしたときに使われます。

専門家でも，ていねいな仕事のときは，キリでくぎ道をあけてから，くぎを打ちます。子どもの仕事は，もともと，指物的な小物づくりですから，きちんとくぎ打ちの場所，寸法をあたり，キリでくぎ穴をあけ，くぎを差しこんでから，打ちこませるようにするのが本当でしょう。

問49 はと笛をつくらせているのですが，教科書の説明のとおりにつくってもなかなか音が出ません。なぜでしょうか。また，どうすればよいのでしょうか。

音の出るしくみ

はと笛やオカリナなど，土笛は，外形が違っていても，音の出るしくみはみな同じです。

吹き口(イ)を通ってきた息が，図のように，歌口の舌先(ロ)に当たって分かれ，きれいな空気の流れになって出ることで，あの美しい音色となるのです。

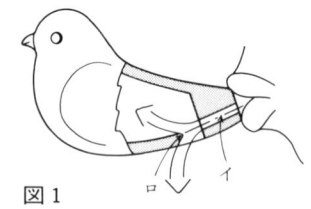

図1

鳴らない原因

音が出ないのは外形だけにこだわって，音を出す部分のつくりがいいかげんになっているからです。その原因として，外からは見えない吹き口の内部（イ）や，歌口の舌先（ロ）の位置や形が良くないことが多いようです。

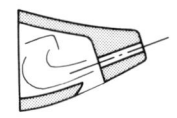

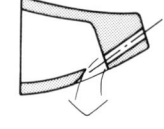

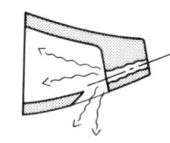

図2 吹き口が上すぎる

図3 吹き口が下すぎる

図4 吹き口の形がわるい

つくり方のポイント

1. 吹き口をあけたヘラは，すぐに抜いてしまわないで，歌口の（ハ）まで戻して，空洞部と歌口，舌先（ロ）をていねいに仕上げ（図5），もう一度舌先まで差しこんで，舌先とヘラの先が一致するよう調整してから，しずかに抜く（図6）のが，成功のポイントです。

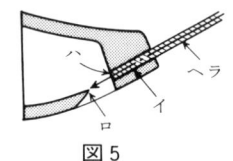

2. やわらかすぎる粘土は，作業しにくく，接合するとき変形して，音が出なくなることがあります。

3. 試し吹きを何回もすると，内部が濡れて変形し，鳴らなくなるので注意しましょう。

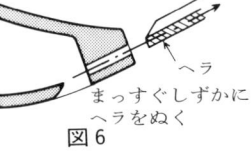

図5

図6 まっすぐしずかにヘラをぬく

高学年の問題―工 作

> **問50** 土鈴やはと笛をつくらせて，子どもたちといっしょに野焼きをしてみようと思います。やさしい方法を教えてください。

野焼きの準備　土鈴やはと笛など，1学級分くらいでしたら，つぎのような方法がよいでしょう。

野焼きの前に，作品は2週間以上よく乾かしておくこと。燃料は充分用意しておくこと。それから，当日は風向きや風の強さに注意して，あらかじめ，消防署にも連絡した上で，防火に充分注意して実施しましょう。

落ち葉焼き　落ち葉や紙くずを焚いて，焼きいもを焼くような簡単な方法です。コンクリートブロックを6枚並べて，その上に作品を載せ，落ち葉や紙くずを山のように盛り上げ，火をつけて焼きます。最初は弱い火で，外側だけが燃えるくらいで良く，ゆっくり時間をかけて焼きます。この「あぶり焼き」の段階では，作品に直接火が当たらない方が良いのです。1時間くらい焼いたら，だんだん火を強くし，落ち葉などもつぎ足しながら3時間くらい焼き，自然に火が消えてよくさめたら，作品をとり出します。作品には黒いすすが残ります。

穴掘り焼き　直径1.5m，深さ15cmの穴を掘り，底に小石か砂利をしきます。穴の中でわらや落ち葉，紙くずを燃やして灰をつくり，少しひえてから，灰の中に作品を埋めます(1)。穴のまわりからわらなどを燃やし始め(2)，2時間位かけて作品に火を近づけ(3)，木片なども加えてさらに2時間位焼き，最後に作品の上でも1時間位，強く火を焚いて(4)終わります。

自然に火が消えてよくさめたら，作品をとり出します。温度は500～700℃。うまく焼ければ，黒いすすのきれた素焼きになります。

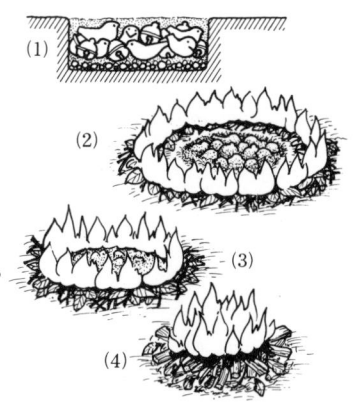

編著者紹介
栗岡英之助（くりおか　えいのすけ）
元・大阪教育大学教授
1998年　逝去
著書：『図工科の自由研究ヒント集』（黎明書房，1991年）
　　　『小学校低学年の絵の指導』（黎明書房，2007年）他多数

執筆者紹介
美教協　表現教育研究所
絵画分担（低学年）　鷲江芙美子（わしえ　ふみこ）逝去
　　　　（中学年）　加藤克弘（かとう　かつひろ）
　　　　（高学年）　田中恵津子（たなか　えつこ）
版画分担　　　　　　深田岩男（ふかだ　いわお）
彫塑・工作分担　　　宮本正彦（みやもと　まさひこ）
デザイン分担　　　　狩場和子（かりば　かずこ）
　　　　　　　　　　西沢すみ子（にしざわ　すみこ）

＊本文・カバーイラスト：岡崎園子

図工指導の疑問これですっきり

2008年11月10日　初版発行

編著者	栗岡英之助
発行者	武馬久仁裕
印刷	㈱太洋社
製本	

発行所　株式会社　黎明書房

〒460-0002 名古屋市中区丸の内3-6-27 EBSビル
　振替・00880-1-59001　☎052-962-3045　FAX 052-951-9065
〒101-0051 東京連絡所・千代田区神田神保町1-32-2
　　　　　　南部ビル302号　☎03-3268-3470

落丁本・乱丁本はお取替します　　ISBN978-4-654-01810-9
© U. Kurioka 2008, Printed in Japan